THE LAW OF ATTRACTION

吸引力法则

心想事成的秘密

[美] 埃斯特·希克斯　杰瑞·希克斯　著
邹东　译

光明日报出版社

图书在版编目（CIP）数据

吸引力法则 / (美) 希克斯 (Hicks,E.) , (美) 希克斯 (Hicks,J.) 著 ; 邹东译 . -- 北京 : 光明日报出版社 , 2015.2（2024.2 重印）

书名原文 : The law of attraction

ISBN 978-7-5112-7713-8

Ⅰ . ①吸… Ⅱ . ①希… ②希… ③邹… Ⅲ . ①成功心理—通俗读物 Ⅳ . ① B848.4-49

中国版本图书馆 CIP 数据核字 (2015) 第 006130 号

版权登记号：01-2014-8013

吸引力法则
XIYINLI FAZE

著　　者：〔美〕埃斯特·希克斯　杰瑞·希克斯　　译　　者：邹　东

策　　划：双螺旋文化
责任编辑：杨　茹　　责任校对：傅泉泽
特约编辑：唐　浒　申　海　　责任印制：曹　净
装帧设计：郭朝慧　　特约技术编辑：张雅琴　黄鲁西

出版发行：光明日报出版社
地　　址：北京市西城区永安路 106 号，100050
电　　话：010-63169890（咨询），63131930（邮购）
　　　　　010-63497501，63370061（团购）
传　　真：010-63131930
网　　址：http://book.gmw.cn
邮　　箱：gmrbcbs@gmw.cn
法律顾问：北京市兰台律师事务所龚柳方律师

印　　刷：固安兰星球彩色印刷有限公司
装　　订：固安兰星球彩色印刷有限公司
本书如有破损、缺页、装订错误，请与本社联系调换，电话：010-63131930

开　　本：145mm×210mm
字　　数：140 千字　　印　　张：7.25
版　　次：2015 年 4 月第 1 版　　印　　次：2024 年 2 月第 11 次印刷
书　　号：ISBN 978-7-5112-7713-8

定　　价：28.00 元

免责声明

谨以此书献给——

总在渴望启示与向往幸福的人们

遇到人生问题和困境不断寻求答案的人们

献给我的孙儿们——四个快乐的小家伙:萝瑞尔(8岁),凯文(5岁),凯特(4岁),还有卢克(1岁)。他们无忧无虑的生活,就是本书想让诸位达到的最终状态;他们对人生无所诉求,人生的大智慧往往在这样的人身上。

本书还要特别献给路易丝·海。感谢她对幸福法则的不断求索与学习,感谢她将之传播于全球的渴望,感谢她最终开创了Hay House出版发行公司,从而全世界的人们得以共享无限的智慧与快乐。

THE LAW OF ATTRACTION
吸引力法则

目　录

前言　尼尔·唐纳德·沃尔希/ I

序言　杰瑞·希克斯/ V

第一部分　通往亚伯拉罕经历之路

简介 / 003

我不再恐惧 / 012

我和亚伯拉罕的对话 / 022

通往健康幸福的入门指导 / 028

第二部分　吸引力法则

万能的吸引力法则:详细定义 / 033

思维拥有磁力 / 038

亚伯拉罕的创造性工作坊 / 048

并非所有的法则都是万能法则 / 053

我决定改进我的生活 / 069

我想要更多快乐、幸福与和谐 / 075

第三部分　有意创造的科学

有意创造的科学:详细定义 / 089

我可以信赖内心的指导 / 095

如何远离不想要的事物 / 109

为什么有人需要证明自己 / 121

第四部分　接纳的艺术

接纳的艺术:详细定义 / 135

接纳的艺术是我的生活重心 / 147

接纳,从极度贫困到富有和成功 / 157

第五部分　阶段计划

美妙的阶段计划过程 / 173

现在就是最好的时机 / 175

现在思考的想法正在预设我的未来 / 180

关于成功,有没有令人信服的衡量标准 / 189

为什么大多数人得过且过 / 197

有人能够不劳而获吗 / 206

关于作者 / 214

前 言

尼尔·唐纳德·沃尔希[1]

好了,就是这本书了。

它将为你展现人生的全部智慧,你再也不必四处寻找。放下所有其他的书本吧;退出所有的工作坊和研讨会吧;告诉你的生活教练,你不再需要接听他们的电话。

美丽人生的智慧,生命之旅的“交通”规则,幸福生活的启动方式,尽在此书。

就在你打开扉页的这一刻,你的世界已经悄然改变。

看一看,看看捧在你手里的这本书。

你做到了!你把这本书摆在了它应该在的地方,摆在了你的眼前。它不偏不倚地占据着你的视线。仅此一点就足以证明:这本书肯定非同凡响。

你明白了吗?倘若不明白,千万不要略过此节。真正地弄懂这些,对你而言至关重要。

---

① 尼尔·唐纳德·沃尔希,美国畅销书作家,一九四三年九月十日生于威斯康星州密尔沃基市,著有《与神对话》系列和《回归内心——过上永生的生活》。

听我慢慢道来。

在你意识所能碰触的最深角落，在你思维某处极为重要的位置，你设定了一个目标，吸引并接收生活的全部智慧——而这正是本书要传递的信息；否则，这本书只能与你擦肩而过。

请允许我告诉你，你手里所捧着的这本书，正是你内心的诉求吸引而来的——由此可以证明，吸引力法则真实无误、行之有效，并且已经在现实世界得到了力证。

这可不是无关紧要的小事，这是了不起的伟大发现！请相信我，吸引力法则即将为你带来人生的重大改变——它能把你原本计划和梦想的一切，精确地带动并全部实现。

这是我们一直渴求的。这是我们所设定的目标。我们早就期待能有这样一个指导了。现在仅有的疑问就是：**规则是什么？如何做到？**

那么，就此开始吧。你先要有所要求，才能有所收获。你要求什么，就能得到什么——这是吸引力法则的第一条。但吸引力法则并不仅限于此，还有更多的规则。而那些规则才是这本非同寻常的书所要告诉你的。阅读此书，你将不仅收获令人惊叹的方法——过上理想生活的方法，还将学到使用这些方法的实用性指导。

你肯定默默地期盼过，生活中能有这样一本指导书相伴左右。

哈，不错的愿望。正是由于你愿望的吸引，现在它出现了。

为此，我们要感谢埃斯特和杰瑞·希克斯夫妇。当然，还有亚伯拉罕——在那精彩迷人、令人心潮澎湃的后文内容中，你将了解他们的一切。埃斯特和杰瑞一生致力于分享来自亚伯拉罕的精妙绝伦的信息，并且乐在其中。为此，我对他们钦佩不已，他们在这份光荣的事业中表现非常杰出，为我们共同从事的事业带来了荣耀：他们经历并体验到生命本身的灿烂，并且触及了生命真正的本质。

我知道，你肯定会为本书所蕴含的智慧而惊叹不已、心怀感激。我还知道，阅读本书，你的人生即将迈入的转折。这里不仅仅有宇宙间最重要法则的描述——这是你真正需要了解的，还有对生命原理通俗易懂的阐释。这是一本令人叹为观止的参考资料和事实素材；这是一部才思横溢、饱含真知灼见的集子。

我只对为数不多的几本书，真诚地做出如下建议：**仔细阅读书中的每一个字，照着本书中所写的去做**，它回答了你内心渴求的所有疑问。所以，毋庸赘言，全神贯注地用心学习吧。

书中的规则，是关于如何发挥注意力的力量的，一旦你关注到这点，用心去想，用心去做，你的每一个目标都会慢慢在现实中呈现出来——而这些必将永远改变你的人生。

序　言

杰瑞·希克斯

翻开本书，你会看到一种突破性的实用人生智慧跃然纸上，这些智慧并不是凭空来的，我和埃斯特在1986年找到了它们，而那时，我已经被一系列冗长的、悬而未决的人生难题困扰了多年。

徜徉于书页之间，你会领略到亚伯拉罕的智慧——交流的开始几天，他们就亲切地把这些智慧传授给我们。（请注意，“亚伯拉罕”是一群充满爱心的实体，所以用复数称呼“他们”。）

本书来源于录音记录。作为十套专题录音磁带其中一套的一部分，这些录音第一次正式出版发行是在一九八八年。从那时起，**万能的吸引力法则**——亚伯拉罕基础教导中的许多观点，就已经通过各种形式广为人知，散见于书籍、CD激光唱片、DVD光碟、邮寄明信片、日历、报刊杂志、广播、电视脱口秀节目和工作坊，同时还有许多畅销书作家把亚伯拉罕的教导糅合到他们的作品中。尽管如此，在这本《吸引力法则》问世以前，还从来没有一本单独的书册将这些原始教导完完整整地阐释清楚。

（如果你想听听这个系列的原始录音，可以登录我们的网站免费下载长达七十分钟的**亚伯拉罕**介绍，网址为：www. abraham - hicks. com。）

本书是通过誊写原始的“亚伯拉罕智慧”——五张入门系列 CD 录音而创作的，为了让你的阅读更加愉快，我们还请亚伯拉罕做了些许修改。

一直以来，数以百万的读者、听众和观众都分享着这些教导带来的惊喜，他们说，这些教导让他们内心快乐和安宁。所以，在整理这本《吸引力法则》的时候，我和埃斯特怀着极为激动的心情，谨以此书为你呈现亚伯拉罕的原始智慧。

这本书和亚伯拉罕的《有求必应》相比有何区别呢？您可以把《吸引力法则》看作是亚伯拉罕智慧的起源，所有的教导都源自此书。而《有求必应》则是前二十年亚伯拉罕教导的全集。

在本书准备公开出版发行之际，我们重温了这些足以改变人生的智慧。对我和埃斯特而言，这是一段美妙的体验，它让我们回想起多年以前亚伯拉罕生动讲解这些精妙法则的情景。

从一开始接受这些智慧，我和埃斯特就不遗余力地把它们应用于现实生活，而我们取得的非凡进步，简直令人难以置信。亚伯拉罕所说的一切意义重大，并且通过实际运用，我们已经在现实经历中得到了证实。带着这种非同寻常的快乐，我们以自己的生活经历向你保证：**这本书很管用**！

THE LAW OF ATTRACTION
吸引力法则

第一部分
通往亚伯拉罕经历之路

简　介

杰瑞·希克斯

我们写作此书，就是为了介绍**吸引力法则**和其实践方法，引导你清晰而准确地实现自然的健康、幸福状态。我一生积累的疑问，在本书中都得到了准确有力的解答，而通过阅读此书，你将亲身体验到这些独一无二的智慧，并且受益匪浅。如果你成功地学会了运用这个以快乐为中心的实用人生智慧，那么你也能够指导别人过上心目中的完美生活。

很多朋友向我表示，我所提出的问题，或多或少也是他们的真实写照。由此可见，亚伯拉罕的回答中所蕴含的明晰与精准，将为你扫清长久以来的疑惑，使你获得真正的满足，不仅如此，你还能像我们（我和埃斯特）一样，体验生命重新焕发的激情。使用全新的眼光看待生活，运用我们在此提供的实践方法，你将能随心所欲地实现想做的任何事情，成为理想之中的任何人，拥有想要的任何事物。

早在开始记事起，生命于我，就如同流淌的河流，有跳跃不断的美丽浪花，也盛产出无穷无尽的疑问。遇到困扰时，我强烈地渴望能找到一种智慧，来解决这些疑问，但很遗憾的是，我始终无法找到满意答案。

然而,自从亚伯拉罕进入我们的生活后,开始向我和埃斯特揭示他们对宇宙间强大**法则**的理解,同时又向我们传授行之有效的实践方法,帮助我们将空想和理论转化为实际成果,我才终于认识到,在我的成长路途中,每一步都没有浪费,正是那些不断接触的书籍、老师和各种各样的生活经历,一步步将我领向发现亚伯拉罕之路。

阅读此书,你很快就会发现亚伯拉罕带来的智慧。同时,你也应该认真抓住现在拥有的机遇。我心里很明白,这些智慧极大地提升了我们的生活经历。我已经准备好了。我也很清楚,如果你还没有做好准备来接收这些智慧,那么你现在手里就不会捧着这本书了。

我替你激动不已,因为你即将沉浸于阅读本书的快乐之中,去发现亚伯拉罕带来的简单而强大的**法则**和实践方法。以此,**你**可以把任何想要的事物**有意地**纳入生活之中,也可以把任何不想要的事物抛开。

源源不断的宗教团体

我的父母虽然都不是宗教人士,但是以前我却对宗教有着非常强烈的冲动,千方百计地寻找教堂,沉迷于它们的宗教信条,所以我总对自己感到惊讶;一直到我成年,这种冲动仍然深埋我心,时刻发挥重要影响。也许这是一种尝试,试图填补我内心深处的空虚;或者是由于周围有太多的宗教人士,他们展示着各自的宗教狂热,并声称自己发现了**真理**。

十四岁以前，我的生活地点遍及六个州，总共在十八个地方安过家；因此我有机会来评价各种不同的人生哲学。在每个地方，我都会不由自主地走进一个又一个的教堂，每次都满怀希望，期待着在教堂大门里面能够找到我想要的东西。但是，每当我从一个宗教或哲学团体离开，转向下一个团体时，我的失望都会加深，因为他们各自宣称**自己**掌握真理，轻易断言别人的观点都是**谬论**。在这种情况下，我的心一次又一次地沉入谷底，我知道自己并没有找到想要的东西（惟有当我发现亚伯拉罕的智慧之后，才能够理解这些明显的哲学矛盾，并不再为此产生消极情绪）。所以，我继续寻找答案。

显灵板[①]拼写英文字母

在我的个人经历之中，尽管从来没有接触过任何一块显灵板，不过，以前我倒是对它怀有相当强烈的反感。我认为，往好处想，它顶多只是一个游戏，往坏处想，它绝对是个骗人的把戏。所以，一九五九年，华盛顿州斯波坎市的朋友向我提议玩一玩显灵板时，我立即反对，认为这太荒唐了。但是朋友仍然坚持要玩，接着让我头一回真实地体验了一把，如此一来，我才亲眼看到一个奇迹的诞生。

既然我还在为一系列人生难题寻求答案，索性我就拿来问显灵板："我如何才能做到至善？"一开始，它以一种极夸张的速

---

① 显灵板，也称占卜板。是通灵人士使用的一种平板，里面印着字母、数字和其他的符号，参与者通过移动手指来指定符号，传达另一个世界的信息。

度拼写着字母，然后，在占卜板上显出了表示阅读的字母。

“阅读什么？”我继续问。它拼写出表示书籍的字母。我接着问：“什么书籍？”它又一次以夸张的速度拼写出“阿尔伯特·施韦策[①]的作品”。朋友从来没有听说阿尔伯特·施韦策，而我也对他知之甚少；不过，至少我的好奇心被激发出来了。于是我决定调查这位以非同寻常的方式进入我清醒意识的人，了解他的相关资料。

在我找到的第一家图书馆里，我便发现了阿尔伯特·施韦策的大量著作，把它们系统地阅读了一遍。那时候还不能说我为一系列的人生难题找到了任何特定的答案。但施韦策的书——**《探究历史中的耶稣》**却令我茅塞顿开：原来除了惯用的思维方式外，还有很多不同的思考方式可供借鉴。

我的激情最终冷静下来。我原本期望有一扇窗，能使我通向强大的启示和所有难题的答案。但是我既没有在显灵板上获得强大的启示，也没有找到所有难题的答案。然而，它毫无疑问唤醒了我内心深处的认识，让我领悟到通往与高级智慧交流的康庄大道是存在的。而在亲身经历之前，我认为这是绝不可能的。

我本人使用显灵板时，它根本不起作用。但是，在我外出表演的行程中，我让几百人陆续试用了这块显灵板，其中有三个人让它奏效了。我们跟着俄勒冈州波特兰市的一些朋友（就是他

---

① 阿尔伯特·施韦策，法国基督教牧师、哲学家、医生及音乐家。出生于法国割让给德国的阿尔萨斯－洛林地区，该地区于一战后重归法国领地。一九五三年，他以“敬畏生命”的哲学思想获得诺贝尔和平奖，他的伟大集中体现在他于非洲兰巴雷内地区建立并维持的阿尔伯特·施韦策医院，该院现在加蓬境内。

们让显灵板**真正**发挥作用),与我们所认为的超现实世界的事物“交流”了几百个小时。我们与海盗、牧师、政客和犹太祭司们高谈阔论,这是一场多么有趣的狂欢游行啊。好比你参加聚会时,加入了一场别开生面的对话,对方用各种各样的话题、态度和知识背景与你交谈。

我不得不说,就我个人生活而言,我从显灵板中没有学到任何具有价值的东西——也没有获得任何可以用来教给别人的东西——有一天我就把它给扔掉了,我对显灵板的兴趣到此为止,也不再参加这种活动。尽管如此,这种非凡的经历——尤其是与鼓励我阅读的高级智慧相遇的经历——不仅唤醒了我内心深处的领悟,使我深知在现在的理解力“之外”还有更多的东西,同时也激发了我内心深处寻找答案的强烈渴望。我终于相信,与高级智慧交流是有可能的;它能对下列问题给出切实可行的回答:宇宙是如何运行的?为什么我们都存在于这个世界?如何过上更快乐的生活?如何才能完成我们的人生目标?

思考致富

一九六五年,我在各大学院校进行一系列音乐会演出时,发现了一本别开生面的书。也许正是由于这本书的出现,那些日益增多的一系列难题,第一次真正地得到了切实可行的解答。当时,在蒙大拿州一家小汽车旅馆厅堂里,一张咖啡桌上放着这本书,我记得拿起它时看到封面的文字,内心泛起一阵抵触情绪：**思考致富**！拿破仑·希尔[1]著。

这个标题让我很倒胃口，我和大多数人一样，一直被人反复灌输着这样的观念：我们缺少丰富的有利资源，因此便可以理直气壮地对富人嗤之以鼻，以此来获得心理平衡。尽管如此，毋庸置疑地说，这本书的内容令人手不释卷。而仅仅读了十二页之后，我便惊讶得寒毛直立，胸膛起伏不定，心情十分激动。

现在我才明白，这些生理上的体验，和这些内心深处的感觉，坚定不移地表明——我即将发现极具价值的东西。但在当时，这本书仅仅唤醒了我内心的某些认识，比如思考是很重要的，我的生活经历某种程度上反映了我所思考的内容。这本书确实引人入胜、妙趣横生，激励着我尝试接受书中提出的建议——而且，我的确这样做过。

对我个人而言，这些教导非常有用；实际上，正是它让我在很短的时间内就创立了跨国生意，让我以一种很有意义的方式去影响上千人的生活。我开始把学会的原则教授给别人。拿破仑·希尔这本能改变命运的书，尽管为我带来了难以估量的益处，受我指导的其他人却受益颇少，无论他们听过多少次讲课，他们的生活始终都没能像我一样，得到极大的改善。所以，我要

---

① 拿破仑·希尔，励志成功大师。创造性地建立了全新的成功学，在人际学、创造学、成功学等领域有着比安德鲁·卡耐基更高的地位。创建了成功哲学和十七项成功原则，被称为“百万富翁的创造者”。曾受聘为菲律宾人桂桑尔的政治顾问，后者在二十四年后成为菲律宾第一任总统。第一次世界大战爆发时，威尔逊总统用拿破仑·希尔的励志秘诀训练和鼓舞士兵，筹募军费。一九三三年，罗斯福总统把拿破仑·希尔请进白宫，帮助他主持著名的“炉边谈话”节目，唤醒美国人民在经济大萧条后沉睡已久的信心与活力。一九三七年完成了《思考致富》一书，这本名著已拥有超过一千多万读者。一九六零年与他事业的接班人斯通合著出版了《人人都能成功》。

接着寻找更多特定的答案。

塞思论创造你的现实

我穷尽一生时光孜孜不倦地探索，为那些难题寻找有意义的答案；我还希望找到一种合适的方法，帮助别人更加有效地获得成功，并且，这个愿望越来越清晰；而就在此时，我的生活发生了改变，我和埃斯特要在亚利桑那州菲尼克斯市开始新的生活。我们是在相识几年之后，于一九八零年结婚的，然后才发现相互之间非常谐调，有一种妙不可言的融洽的感觉。美妙的日子一天又一天地度过，我们一起经历快乐，一起探索新城市，一起建立新家庭，一起开创新生活。虽然埃斯特不能完全与我分享对求知的渴望或者对解惑的热忱，然而她对生活一直充满热情，总是乐呵呵的，很好相处。

有一天，我在图书馆里消磨时光，突然发现一本简·罗伯茨[①]所写的名为《**塞思谈**》的书。从书架上抽出此书之前，蓦然

---

① 简·罗伯茨：美国作家，灵媒大师，从一九六三年开始“传递”著名的塞思，直至病逝。据称，罗伯茨会在催眠状态下，接受塞思的控制，说出塞思所要表达的意思，并由简的丈夫罗伯特·巴茨听写速记下来大量的资料，集结成册，包罗万象，称为塞思资料，定期发表。罗伯茨还传递了其他的名人，但只有传递塞思让她最具盛名。塞思系列的书共十卷，最后两卷由于罗伯茨的病情而没完成。耶鲁大学因其质量和重要性而选择了简·罗伯茨的著作作为他们的收藏，根据耶鲁大学的一位发言人称，这是档案室中所收藏的惟一的形而上学的著作，该处也是访问人数最多的地方之一。塞思资料在整个的新时代运动中占据核心地位，书系包括：《塞思谈》、《个人现实的本质》、《心灵的本质，在人类身上的体现》、《个体和群体事件的本质》、《未知的现实》、《梦，演化和价值实现》。她的丈夫罗伯特·巴茨对所有书系添加了注解和评论。

地，我似乎再一次感到寒毛耸立，全身颤抖。我匆匆翻阅了几页，想看看这本书里到底写了什么，它竟然能让我产生如此强烈的情绪反应。

在我和埃斯特相处的日子里，我们之间只有一个争议无法调和：她不想了解我和显灵板之间发生的故事。每当我眉飞色舞地叙述（我所认为的）妙趣横生的显灵板经历时，埃斯特就会离开房间。她从小就受到这种教育，因此对任何超越现实的事情怀有莫大的恐惧；我不想让她烦恼，也就不再讲述这些故事，至少有她在旁边的时候是不讲了。因此，当埃斯特有意回避《**塞思谈**》这本书时，我也就习以为常了……

作者简·罗伯茨能够进入一种催眠状态，让塞思——一个超现实世界的名人——附体，并通过她口述出一系列影响力深远的**塞思**书系。我发现这些作品既催人奋进又引人入胜，开始隐约看见一条解决之道——解决我一部分人生难题的光明之道。但是，埃斯特却着实被这本书给吓坏了。一听说这本书的写作方式，她的不安立刻溢于言表，再看到封底那张扮相奇特的照片时——那是催眠状态下让塞思附体的简，她变得更加忐忑不安。

> “只要你喜欢，你随便读什么都没问题，”埃斯特对我说，“但是，千万不要把它带进我们的卧室。”

我一直深信，一棵树的好坏一定要从它结什么果实来判断。因此，做任何事情之前，我都要从**自我**感觉的立场出发……我欣喜地发现，塞思资料的内容，竟然有如此多处与我不谋而合。所以,这本书是从**哪里**来的或是**怎么**来的,对我而言已经无所谓了。问题的本质在于,我已经发现了真正有用的信息——毫无疑问,它也可以传授给别人。我真是太激动了!

我不再恐惧

埃斯特·希克斯

杰瑞真是够明智的,没有把**塞思**系列的书硬塞给我看,因为我实在是对这类书深恶痛绝。一个大活人和一个超现实的存在进行交流,这种念头让我想想就头痛。幸好,杰瑞为了不打扰我,他会早早地起床,独自读着这些书,而我还在蒙头大睡。慢慢地,当读书渐入佳境时,他会忍不住小心翼翼地和我聊起一星半点书中的妙处;而在我不那么抵触这些内容时,我也能收获一些有价值的想法。杰瑞循循善诱地给我介绍这样那样的概念,一直到我发现这些好书的真正乐趣所在。最终,这种习惯变成了我和杰瑞每天早晨的必修课:我们靠在一起,杰瑞为我朗读**塞思**的书。

我的恐惧并非源于个人的创伤体验,而是因为过分相信风传的道听途说。回头想来,我的恐惧真是毫无逻辑可言。无论如何,就个人体验而言,这书的感觉还不坏;一旦认识到这一点,我的态度也发生了根本的改变。

随着时间的推移,我对简收到塞思的信息这一过程的恐惧感逐渐减弱,并开始对这些精彩的书籍怀有巨大的感激之情。

事实上，我们乐此不疲地陷入阅读的快乐之中，以至于打算拜访简·罗伯茨，甚至还想见到塞思。我着迷太深，甚至想去见识那个超现实的存在了。遗憾的是作者没有把电话号码公布出来，所以我们也不知道如何会面。

亚利桑那州，斯克茨代尔市，一家书店旁的咖啡馆里，我和杰瑞正用午餐。杰瑞在翻一本刚刚买来的书，坐在旁边的一位陌生人对我们说："你们看过**塞思**系列的书吗？"

我们几乎不敢相信自己的耳朵，因为我们从未告诉任何人读过这些书。他又接着说了："你们知道简·罗伯茨已经死了的消息吗？"

我只记得，当这些话语冲入我脑海时，我的双眼已经噙满泪水。这种感觉，就像有人忽然告诉我，我的姐妹死了，而我之前一无所知。太令人震惊了！我们太失望了，再也没有可能和简·罗伯茨与罗伯特·巴茨见面了，也不会见到塞思了……

希拉"传递"灵魂西奥

得知简的死讯后不到一天，我们的朋友兼生意伙伴——南希和她的丈夫韦斯——找我们一道共进晚餐。南希把一盒录音带递给我，说："你们听听这盘录音。"在我看来，朋友的举动有些尴尬，这盘带子似乎有点古怪。这种古怪的感觉，一如杰瑞发现塞思的书后给我带来的感觉。好像他们有秘密要同我们分享，但又担心我们知道秘密之后的反应。

"这是什么？"我问她。

"这是灵媒传递而来的。"她小声说道。

我和杰瑞从来没有在这种情况下听到“**传递**”这个词语：“你说什么，灵媒‘传递’？”

南希和韦斯作了简短而又支离破碎的解释之后，我和杰瑞立马意识到，他们描述的过程与**塞思**书系所述如出一辙。“她叫希拉，”他们继续说，“她为一个名为西奥的实体传言。她正要赶来菲尼克斯城，如果你们愿意的话，可以和她约个时间见面。”

我们决定约见她，我还记得当时我们非常兴奋。我们在菲尼克斯城一座漂亮的房子里相见，那是由二十世纪美国著名建筑学家福兰克·洛依德·莱特所设计的。那是一个大白天，我很宽慰，没有一丁点可怕的事情发生。一切都很自然，令人愉快。当我们坐下来访问西奥时，我被深深地震撼了；当然，实际情况是只有**杰瑞**访问了西奥，我当时一句话也没说。

杰瑞拿着一个记事本，里面罗列了他六岁以来产生的各种疑问。他太兴奋了，一个接着一个地提问，有时还着急地打断话头，好赶在时间结束前多问一个问题。半个小时一晃而过，简直是太精彩了！

“我们明天还能来吗？”结束后我禁不住问道，我现在也准备了一大堆问题要问西奥。

我需要冥想吗

第二天我们又来了，我通过希拉问西奥，该怎么做才能更快地实现目标。西奥说：“**积极的自我暗示。**”然后她举出一个美妙的例子：“**我，埃斯特·希克斯，在无限大爱的感召下，吸引同**

样寻求启示的人们。从现在开始,分享使我们共同进步。”

我和杰瑞已经知道利用积极的自我暗示这种方法,也正在使用它。于是我又问到:“还有什么方法呢?”西奥回答:“**冥想**。”我本人并不认识会冥想的朋友,这种想法让我感觉陌生。我觉得自己无法做到。杰瑞以为,冥想就是人们考验自己能够为修行而承受多少痛苦——能够忍受多少痛苦或贫穷。而在我心目中,冥想就像表演赤足走火炭,或者躺在钉床上,或者就是一只脚悬着站立一天,向路人乞讨;冥想也许只和这些挂钩。

于是我问西奥:“你说的‘冥想’具体是指什么呢?”

西奥回应道,**每天花十五分钟,穿着宽松的衣服,坐在安静的房间里,集中精力调匀呼吸。精神开始游移飘忽时,放松思绪,注意呼吸**。我觉得,这些听起来也不算太古怪。

我问能否带上十四岁的女儿特蕾西来见西奥,回答是:“**除非是她自己要求来的,否则并无必要,因为你也是灵魂传递的载体**。”成为灵魂传递的载体?太不可思议了,意义重大啊!这可是我们一辈子都没遇到过的。之后录音机响起,我们的访问时间结束。

时间过得真快,难以置信得快。我低头看着自己罗列的疑问,还有很多没有时间得到解答,史蒂维——希拉的朋友,她负责操作录音机记录与西奥的对话——可能看到我有些沮丧,她对我说:“你还可以问最后一个问题。你想不想知道**自己**灵魂导师的名字?”

我一下子没了主意,不知道该问什么,因为是头一回听说“**灵魂导师**”这个术语。但我很喜欢,所以我说:“我想知道。谁是我的灵魂导师?”

西奥说:“**你会直接收到它的信息。当你经历超常听觉体验时,你就知道了。**”

带着前所未有的喜悦,我们离开这所漂亮的房子。西奥鼓励我俩共同进行冥想。“**因为你们亲密无间,所以在一起能量会更强大。**”在西奥的指导下,我们直接回家,换上最宽松的衣服——浴袍,拉上客厅的窗帘,坐下来试图进入冥想状态(反正先不管它到底意味着什么)。我仍记得当时所想的内容是:**我每天要花十五分钟冥想,我想知道灵魂导师的名字**。和杰瑞一起做这件怪怪的事,感觉更古怪了,所以我们决定分开,坐在各自的高背软垫大椅子里,中间隔着一道屏风,这样就看不到对方了。

有东西开始替我“呼吸”

冥想过程中,西奥的指导语非常简洁:**每天花十五分钟,穿着宽松的衣服,坐在安静的房间里,集中精力调匀呼吸。精神开始游移飘忽时,放松思绪,注意呼吸。**

设定十五分钟的闹钟之后,我舒适地仰坐在大椅子里,将注意力集中在呼吸上。我默数着呼吸,呼一次,吸一次。很快就体验到一种无知无觉的状态。相当愉悦的生理体验,我太喜欢它了。

闹铃响起,把我吓了一跳。当我恢复意识,重新感觉杰瑞和整个房间的情形时,我大声叫道:“再来一次吧!”我们又设定了十五分钟闹铃,又一次地,我体验到妙不可言的超然自如状态,或者说无知无觉状态。这一次,我已经感觉不到身下椅子的存在。这种感觉犹如悬浮在房间里,周围几乎空无一物。

我们再次设定了十五分钟闹铃,再次身临这种美妙的超然自如情境,然后我开始体验到一种不可思议的感觉,好像有东西在替我呼吸。就像有一个充满力量和亲切感的物体,将空气鼓入我的肺里,又将空气带出体外。我现在才知道那就是我和亚伯拉罕的第一次亲密接触,但在当时,我只感觉全身洋溢着无比亲切的感受。杰瑞说当时听到我的呼吸声有异样,便绕过屏风来看我,而我那时看起来好像欣喜若狂。

闹铃响起,我恢复了对周围环境的意识,感觉体内有一种能量在流转,却不像以前体验过的任何感受。我一生之中从未有过如此离奇的经历。我的牙齿嗡嗡地响了好几分钟,但不是那种发抖时的格格作响。

一系列离奇的事件导致我们和亚伯拉罕不可思议的相遇:之前贯穿于我一生的莫名其妙的恐惧感,从我现实生活经历看来它只是毫无理由的恐惧,现在它终于获得了解脱,取而代之的是与**本质能量**的相遇,亲切而私密。我从来没有读到过能让我真正理解上帝是谁或是什么的任何资料,但我现在能够肯定,我遇到了上帝。

我的鼻子自动拼写单词

第一次尝试就产生了这么强烈而激情的体验,于是我们决定每天花十五至二十分钟进行冥想。就这样,每天我和杰瑞坐在高背软垫椅子里,静静地呼吸,感受着安宁,大约持续了九个月时间。直到一九八五年,正好在感恩节之前,这段时间我产生了新的体验:我的头部开始慢慢地摇晃。那是一种非常愉快的生理体验。在超然自如的状态下,感受着微妙的颤动,仿佛起飞一般的感觉。

我根本没功夫去想发生了什么,只知道自己无法控制,但这种感觉非常舒服。只要一进入冥想我就会摇头晃脑,这样的情况大概持续两三天,第三天的时候,我开始意识到,我并非毫无意识地四处乱摇——而是在用我的鼻子拼写英文单词,就像在黑板上写字一样。我兴奋地大声宣布:"杰瑞,我在用鼻子拼写单词!"

我清醒地意识到,不可思议的事情就要发生了,有人要和我灵魂沟通!我不由自主地全身战栗,紧张感如同波浪般开始蔓延。一种前所未有的美妙颤抖荡漾开来。之后,这些单词拼写出一段话:"**我是亚伯拉罕。我是你的灵魂导师。我爱你。我在此与你合作。**"

于是,杰瑞拿起他的笔记本,开始记录我用鼻子艰难传达的每一句话。亚伯拉罕用一个个字母回答杰瑞提出的问题,有时候一次对答要花上好几个小时。想不到能以这种方式与亚伯拉罕发生联系,实在是太令人兴奋了。

亚伯拉罕开始打字

虽然这种交流方式既缓慢又麻烦,但是只要杰瑞能够以此获取他要的答案我就心满意足了,所以这种体验让我俩都非常开心。杰瑞提出疑问,我的鼻子则在亚伯拉罕指挥下运动起来,拼写出单词来解答,然后杰瑞再把一切都记下来;这样大概持续了两个月。一天晚上,我们躺在床上,我的手突然轻轻地捶打了杰瑞的胸膛。我很惊讶,我对杰瑞解释说:“不是我有意要打你的。一定是它们。”突然,我感到想要打字的强烈冲动。

我走到打字机前,双手放到键盘上,一如我不自觉地摇晃脑袋用鼻子写字,我的双手开始自动在打字机键盘上左右上下移动,来回翻飞。我的双手移动飞快,充满力量,这让杰瑞有点担心。他来到旁边,随时准备着抓紧我的双手以免我受伤。他说我双手移动太快了,根本看不清想要表达什么。但是除此之外并没有什么值得担心的。

我的手指触摸着每一个按键,反复多次以后,才开始敲打键盘上的字母按键。接下来打印出几乎一整张纸,内容是:我要打字我要打字我要打字。没有使用大写字母,单词之间也没有空格。然后,我的手指开始有条不紊地打出下一条信息,请求我每天使用十五分钟的打字机。就这样,在接下来的两个月里,我们就以这种方式进行交流。

打字员成为代言人

一天,我们开着小型凯迪拉克－赛威行驶在高速公路上,两边分别是一辆十八轮货车和一辆拖车。高速公路上前方路段似乎回旋余地不够,而我们三辆车正好同时在转着一个大拐弯,眼见那两辆大车就要闯入我的车道了。我们立马就要被大车撞上了。情急之中,亚伯拉罕开始说话。我感觉下巴一僵(和打呵欠差不多的感觉),然后我的嘴巴不由自主地蹦出这些词语:

"从下一个出口出去。"接着,我们竟然成功了。过后我们仍然心有余悸,停在通道里聊天,那一天,杰瑞和亚伯拉罕聊了好多好多。这真是太不可思议了。

随着我和亚伯拉罕交流方式的改进,我每天都感觉越来越舒服;尽管如此,我还是希望杰瑞能够保守这个秘密,我害怕别人知道以后大惊小怪。不过,随着时间推移,一些与我们较亲密的朋友开始聚在一起与亚伯拉罕对话,大家都获益匪浅。所以,一年之后,我们决定向公众公开这些教导,直到现在仍然如此。

我每天都在传达亚伯拉罕的心灵感应,每天都在不断地进步。每次讨论会后,我和杰瑞都会叹服于他们(亚伯拉罕)的明达、智慧和大爱。

某天,我为自己的改变而哑然失笑:"以前我多么害怕显灵板啊,现在我自己也是一块显灵板了。"

妙不可言的亚伯拉罕经历升级了

与亚伯拉罕一起度过的时光,是一种无法言传的体验,我和杰瑞很难使用恰当的语言来描述这一过程。杰瑞已经知道自己最想要的东西,常常不必请教亚伯拉罕,自己就能找到实现大部分目标的方法。但是他也承认,是亚伯拉罕使他理解了自己的目标所在,让他透彻地明白怎样做才能达到目标,怎样做无法实现目标,并且,我们完全可以自己决定实现哪种目标。不必怨天尤人,不必说运气糟糕,也不必受别人影响而随波逐流。我们的生活非常自由。我们是自己生活经历的绝对创造者——我们非常满意这样的生活。

对于为什么我和杰瑞是阐述这些教导的最佳搭档，亚伯拉罕是这样解释的：杰瑞强烈的求知欲望能够吸引亚伯拉罕，而我则能够静下心来，消除阻力，接纳答案的自动产生。

只要用一点点的准备时间，我就能够接纳亚伯拉罕附体，并通过我的言语传达信息。在我看来，只要全神贯注地想着一个念头：“**亚伯拉罕，我想要清楚地传达你的言语**”，然后集中注意力调匀呼吸。不出几秒钟，我就能感觉到亚伯拉罕的明达、爱心与力量，之后一切准备就绪，我们便开始交流……

我和亚伯拉罕的对话

杰瑞·希克斯

我们与亚伯拉罕的这段奇遇，简直就像天方夜谭，着实令人兴奋不已。它仿佛一座取之不尽用之不竭的宝藏，里面珍藏了我所有人生难题的答案，有如醍醐灌顶一般，令我茅塞顿开。

刚开始接触的几个月里，我和埃斯特每天都要安排一定的时间与它交谈，我们想把列表里日渐增多的疑问通通解决掉——甚至有些迫不及待了。渐渐地，埃斯特与亚伯拉罕的交流变得越来越轻松了——她只要静下心神就可以接纳无限智慧的流入。我们开始逐步扩大交际圈子，联系愿意与亚伯拉罕讨论人生智慧的人们。

认识亚伯拉罕不久，我就把那些令人焦头烂额的疑问抛了过去。亚伯拉罕不遗余力地进行了回答，让我颇受启发，我希望把这些启示也带给你。当然，列表中不仅仅罗列了**我的**问题，从我列出表单进行发问的那一刻起，就已有成百上千的人们更深入地探讨了这些问题，还有人根据自身经历在列表里添加了一些重要提问；这份问题列表还包含着他们（亚伯拉罕）传递而来的爱心与智慧。我和亚伯拉罕就是从这份问题列表开始讨论的。

（埃斯特如何做到接纳亚伯拉罕附体，并代表他们传话，这一切都超乎我的想象。在我看来，埃斯特只是闭上眼睛，静静地深呼吸。她先是轻轻地点了点头，然后睁开眼睛，接下来亚伯拉罕就直接联系我了，如下文所述。）

我们（亚伯拉罕）是导师

亚伯拉罕：早上好！很高兴有机会来此交流。感谢埃斯特为我们提供平台，感谢大家提出与我们交流的请求。一直以来，我们都认识到这种互动交流的重大意义，它能够让现实世界的朋友了解我们的存在。除了你们所知的现实世界之外，还有一个与现实世界相对应的精神世界——超现实世界存在着。本书不仅仅给现实世界的朋友提供了关于亚伯拉罕的简单介绍，还将介绍超现实世界对现实世界产生的影响。众所周知，这两个世界紧紧地纠结在一起，无法完全剥离。

早在你们进入现实世界之前，我们双方就达成了一个约定；在写作本书之时，我们双方都在履行这个约定：我们——亚伯拉罕——愿意留在更抽象、更清晰因而也更强大的超现实世界里，而你们——杰瑞和埃斯特——愿意进入伟大的现实世界，研究思维与创造力的前沿问题。一旦你们产生清晰而强烈的渴望，在这种渴望的吸引下进入一种激发状态，那么我们就要按约定会合，共同进行伟大的创造。

杰瑞，我们很想回答你列表上的长串问题，它们都是你们从纷繁复杂的生活中，精心提炼出来的；我们也很想给现实世界的朋友传达更多有用的信息，让你们看到自身存在的绚烂美丽，理解自己究竟是谁，为什么要来到这个世界。

通常我们给现实世界的朋友介绍超现实世界时，场面总是相当有趣，因为我们提供的任何信息，都要转换成现实世界的角度来加以解释。换而言之，在无意识的状态下，埃斯特先要接收我们如同电波信号一样的思维，然后转换成现实世界的语句和概念。这就是现实世界和超现实世界的完美融合。

既然我们能够帮助你理解超现实世界的存在，我们也能帮助你更清楚地认识自己。从本质而言，你们是我们存在方式的延伸。

在超现实世界，我们的存在为数众多，大家因临时契合的意念和动机而聚在一起。在现实世界，我们被称为**亚伯拉罕**，以**导师**的身份示人，意味着暂时拥有更渊博的理解力，同时能够指导别人获得更渊博的理解力。我们深知，文字无法直接指引人，只有生活经历才能指引人。但是，用于下定义和作解释的文字，一旦和生活经历结合起来，就能发挥强大的作用。基于这种理念，我们才传递了这些文字。

宇宙中存在着影响一切的**万能法则**——无论现实世界还是超现实世界，这些法则都普遍适用。它们是绝对的、永恒的，也是无处不在的。如果你能清醒地意识到这些**法则**，透彻地理解它们，有效地执行它们，那么你的生活经历将获得前所未有的极大提升。事实上，只有对这些法则产生清晰而实用的理解之后，你才能够成为自己生活经历的有意创造者。

每个人都有个内心世界

在现实生活中,你的身体是一个具体的现实存在,但除此之外,你还不仅仅只是肉眼所见的肉体存在。本质上讲,你其实是超现实世界**本质能量**的延伸方式之一。换而言之,那个更渊博、更年长并且更睿智的超现实存在状态的你,也正诗意地栖息于你现实世界的身体之中。我们把你的超现实存在**部分**称为你的**内心世界**。

现实世界的人往往认为人生只有两种状态——要么是生,要么是死。在这种思维方式影响下,偶尔也会有人认为,在进入现实世界之前,他们是存在于超现实世界的,然后随着肉体的死亡,又回到超现实世界①。然而,很少有人能够真正明白,只有超现实世界的**一部分**渗透到现实世界和现实世界的身体,在当前,超现实存在主要是强而有力地占据着超现实世界。

理解这两个世界以及它们之间的相互关系很重要,这有助于你真正理解自己的本质,理解你来此现实世界的人生目的。也有人把超现实存在的内心世界称为"高级自我"或者"灵魂"。

---

① 这些论述来自柏拉图的灵魂心理学观点。柏拉图认为世界的本原不是物质原子,而是一种叫作"理念"的精神性的东西。他认为人的灵魂来自理念世界,它支配人的活动。人死后,灵魂又回到理念世界,所以灵魂是永生不死的。柏拉图从灵魂不死的观点出发,提出了一种"灵魂回忆"说。他认为一个人的认识不过是灵魂对理念世界的回忆而已,灵魂原来是寓居于理念世界中,具有理念世界一切真实的知识,它在投到人体后因受污浊而忘掉了,需要通过感觉经验提醒灵魂重新予以回忆。而教学的目的就是为了恢复人的固有知识。教学过程即是"回忆"理念的过程。

当然，如何命名并不重要；真正重要的是，你必须认识到**内心世界**是确实存在的，只有清醒地理解与**内心世界**之间的关系，你才能够接受真正的指导。

我们不想改变你们的信仰

我们并不是想改变你们的信仰，只是想唤醒你们对于**宇宙永恒法则**的认识，只有如此，你们才能**有意地**成为创造者，同时这也是你们来这个世界的目的。因为，你现在所获得的生活经历不是别人吸引而来的——一直以来，正是你自己创造了所有的生活经历。

我们并不要求你们信仰什么，你们的任何信仰，我们都不会加以阻止。在这奇妙的现实世界，我们看到生活在地球表面的人们有着各种不同的信仰——在这些多姿多彩的信仰之中，存在着完美的平衡。

我们会用一个简单的方式展示这些**万能法则**。此外，还将介绍一些实用的方法，你可以随意地了解和感受这些**法则**，从中获取对自己有用的信息。用不了多久，你就会知道如何创造性地支配自己的生活，这个发现一定会让你欣喜若狂；尽管如此，一切之中最具价值的，却是当你学会运用**接纳的艺术**之后所发现的自由。

因为超现实存在的你已经完全了解这些概念，所以在某种程度上讲，我们的任务只是唤醒你原本拥有的知识。当你读完这些文字之后，我们深信，只要你有强烈的渴望，你就能一步步地被唤醒——与超现实世界**完整的你**融合在一起。

对世界万物而言，你很宝贵

我们希望你重新认识自身的价值。对**世界万物**而言，你的价值无可比拟：你完全处于思想的前沿领域，正在利用你的每一种思想、每一句语言和每一个行动充实着全宇宙。你们并非低人一等的存在，仅仅试图与我们缩小差距；相反，你们是前沿领域的开拓者，可以随意掌握宇宙中的所有资源。

希望你能够认识到自身的价值，若缺乏这种认识，你就不能吸引原本属于自己的宝贵财富。若你无法自我欣赏，就等同于拒绝大自然馈赠的永久快乐。但是，你努力奋斗所创造的一切，一直以来都使全宇宙受益良多，所以我们热切期盼你从此时此地开始，收获属于自己的劳动果实。

你们曾经向往的生活经历，在你们进入生命之前，就已经有所安排了。我们非常明白，你们一定能够自己找到通往理想生活的钥匙。当然，我们会协助你们实现人生的目标，也知道这对你们相当重要。因为我们已经听见你们的发问：**为什么我会来到这个世界？我怎样才能让生活更美好？我如何明辨是非？**我们就是来此详细解答这些提问的。

我们已经准备好了，开始提问吧。

通往健康幸福的入门指导

杰瑞:亚伯拉罕,我渴望拥有一本指导书,是专门为想要掌握自己命运的人所编写的书。这本书要有足够的信息和指导,每位读者读过之后,都能立刻运用书中的观念指导,迅速提升自身的快乐感或幸福感……只有体会到这些好处之后,读者才有兴趣提出一些具体问题,寻求更进一步的解释。

亚伯拉罕:每个人都是从自身的情况出发进行提问的。我们当然希望凡是来寻求答案的,都能在这本书中获得解答。但我们无法仅仅通过某一个方面的问题,随时随地地展开我们所知的全部知识,或者提供我们想要表达的所有内容。因此,我们在此首先给出理解**宇宙法则**的入门基础知识;我们也了解到,有人想要继续了解文字背后更深层次的内容,有人则只对基础知识感兴趣,并不想深究太多。在之前问题讨论的启发下,我们的任务也随着所提问题的改变而不断发展演变。从这点来看,一切事物的发展都是永无止境的。

万能法则:详细定义

我们要帮助你清楚地领会三条**永恒的万能法则**,这样,你才可以随心所欲、卓有成效地运用它们，把它们恰如其分地贯彻于现实生活之中。首先要提出的是**吸引力法则**；如果不能全面领会和灵活运用这条**吸引力法则**，那么第二条法则——**有意创造的科学**，以及第三条法则——**接纳的艺术**，就无法使用。只有首先理解和灵活运用第一条法则，才能理解和灵活运用第二条法则。只有先理解和灵活使用第二条法则之后，才能理解和灵活运用第三条法则。

第一条法则——**吸引力法则**——表述为：**相似的事物互相吸引**。这种表述虽然看起来相当简单，却定义了宇宙间最强大的法则——任何时候都适用于任何事物的**法则**。不受这条强大**法则**约束的事物是不存在的。振动频率相同的事物，会互相吸引从而引起共鸣。我们的意念、思想是有能量的，脑电波是有频率的，它们的振动会影响其他的事物。

第二条法则——**有意创造的科学**——表述为：**只要是我留意的事物，在我的信念或者期望作用下都会成为现实**。简而言之：你所思考的事物都将进入你的生活，无论它是你想要的事物还是你不想要的。生活中的所有事物都是你吸引过来的。是你大脑的思维波动所吸引过来的！所以，你将会拥有心里想得最多的事物，你的生活，也将变成你心里最经常想象的样子。**有意创造的科学**的真正要点就是思想的**有意**运用；如果你不理解这些**法则**，也没有有意地加以运用，那么你极有可能会不知不觉地创造出未知的生活。

第三条法则——**接纳的艺术**——表述为：**我展示着自身的本来面貌，也愿意接纳所有其他人展现出各自的本色**。即使是在自己不被别人接纳的情况下，你仍然愿意接纳别人的本来面貌，那么你就能成为一名**接纳者**。但是，要达到这种境界还有一个前提，那就是首先要理解——正是你自己的所思所想与所作所为，决定你成为了现在的状态。

只有当你将思维（或注意力）投向某人，某人才会成为你生活经历的一部分；只有当你将思维投向某事物（或对某事物进行观察），它才会进入你的生活之中。明白了这些以后，你才能完成当初进入这种生命形式时定下的目标——成为**接纳者**。

理解了这三条强大的**万能法则**，并有意地运用它们，你就能随心所欲地开创属于自己的人生经历，得到自己想要的任何东西。你经历过的所有人物、大事小事等，都是在你思维的吸引和邀请下，成为你人生经历的一部分；有了这番领悟后，你就要开始过自己真正向往的生活——也就是在你进入现实世界之前，决定要体验的生活。只有理解了强大的**吸引力法则**，同时怀着某一目标**有意地创造**自己的人生，然后在完全理解和运用**接纳的艺术**的基础上，才能最终领略到无与伦比的空前自由。

THE LAW OF ATTRACTION
吸引力法则

第二部分
吸引力法则

万能的吸引力法则：详细定义

杰瑞：亚伯拉罕，接下来，我们首先要探讨的主题肯定是**吸引力法则**。我记得你们说它是最强大的**法则**。

亚伯拉罕：不仅仅因为**吸引力法则**是宇宙间最强大的**法则**，更重要的是，必须在先理解它之后，我们介绍其他概念才有意义。只有先理解这条法则，生活中经历的一切才能更有意义，观察别人生活经历的一切才更有意义。你的自身经历，以及你周围人群的生活经历，都受到**吸引力法则**约束。正是由于吸引力法则的存在，你才能看到眼前的一切事物。在吸引力法则作用下，一切事物才能够融入你的生活。意识到**吸引力法则**的存在，理解它发挥作用的原理，你才能度过有意义的人生。归根结底，它就是你不断追求的人生目标——快乐生活的关键要素。

吸引力法则认为：**相似的事物互相吸引**。正如人们常说，"物以类聚，人以群分"，实际上就是**吸引力法则**的体现。比如：早晨醒来，你一脸的不高兴，那么接下来的一整天，几乎没有一件事情能够让你顺心；一天下来，你肯定要抱怨说："该死，今天早晨就不应该起床！"再比如，周围处处可见**吸引力法则**：讨论疾病最多的人，往往身患疾病；讨论财富最多的人，常常拥有财富。**吸引力法则**的道理简直不言而喻：假如你**期望**收听频率为

AM630 的广播节目，你肯定要把收音机的接收频率调至 AM630，与发射台频率一致；当然了，只有发射台的发射频率和你收音机的接收频率**相互一致**时，你才能接收到节目信号。

理解了强大的**吸引力法则**之后，或者更准确地说，当你回想起吸引力法则之后，你会发现身边处处留下吸引力法则的痕迹，无数的事例信手拈来，清晰可见；你将重新认识到，一直以来，你头脑中思考的内容和真实的生活经历之间，存在着精确的相互对应关系。生活之中，没有任何事情是偶然出现的。**正是你自己吸引了所有的生活经历——一切事物都是如此。没有例外。**

无论何时，在**吸引力法则**的作用下，你的所有想法都在吸引与本身相似的经历，因此准确地说，**你正在创造自己的现实世界**。你所经历的任何事情，之所以发生在你的身上，都是由于**吸引力法则**对你思维活动的反应。无论你是回忆前尘往事，观察当前的生活，还是展望未来，都是你现在的意识产生的强烈关注；强烈的思维引发内心世界的振动（或心灵感应）——而**吸引力法则**一定会响应这种振动。

人们经常自我辩解，在不幸的事情发生以后，他们肯定，**自己**并没有主动创造这些不幸。“我绝不可能做这种事！”他们总是如此辩解。我们当然明白，你并非有意招惹不想要的后果，但是我们仍然这样认为：只有**你自己**才能导致这些事情发生，除你之外，没有任何人能够让那些不幸进入你的生活。如果你集中注意力关注生活的不幸，或者集中关注这些事物的本质特点，你就会在不知不觉中，默认式地把不幸创造出来。因为你不理解吸引力法则，换而言之，你不理解游戏规则，于是在注意力的指引下，把不想要的事物请进了家门。

为了便于理解吸引力法则，你要把自己视为一个磁体，你对事物的思考和对事物本质的感受，都会使你吸引它们。因此，如果你感觉肥胖，那么你便不能吸引苗条。如果你感觉贫穷，你便无法吸引财富，如此等等。否则就违反了法则。

留意便是邀请

只要深入了解吸引力法则的力量，你就会更加专心致志地选择想法——因为，无论是想要的事物还是不想要的事物，只要是你心里想得最多的，最终都能够为你所有。

只要是你心中留意的事物，毫无例外，都在接受你的主动邀请，开始融入你的生活。当你思索着想要的事物时，即使刚开始只有一点点苗头，在**吸引力法则**的作用下，这个苗头也能发展壮大，变得越来越强烈。当你思索着不想要的事物时，即使刚开始也只有一点点苗头，在**吸引力法则**的作用下，它也会变得越来越壮大。如此一来，一旦念头发展壮大，就能吸引更多的能量，而你就越发可能接受这种经历。

假如你看到梦寐以求的事情，你可以在心里说："哇，我非常想要拥有它们。"在你的**注意力**作用之下，你把它们主动邀请过来，成为你的生活经历。然而，假若你看到另一些事情，是你避之惟恐不及的，于是大叫："不，不，我不想要那样！"在**注意力**作用之下，你也把它们邀请过来，成为你的经历。在这个宇宙里，吸引力到处发挥作用，没有任何事物能够例外。你对任何事物产生注意都会把它纳入你的思想振动，如果你对它注意或意识的时间足够长久，**吸引力法则**便会使它融入你的生活；没有任何事情可以处于“不要”的状态。说得更透彻一点，若你看着某事物并且大叫：“不，我不想经历这种事情，离我远点！”然而你真正所做的却是把它召唤过来，成为你的生活经历。因为，在这个以吸引力为中心的宇宙里，没有任何事情可以“不要”。你的注意力正在招手，“来吧，过来吧，这件事情我想（**不**）要！”

幸运的是，在你们生活的现实世界里，思考的想法并不会瞬间实现。从你开始思考直到事物开始呈现，中间隔着一段美妙的**缓冲时间**。那段**缓冲时间**让你有机会重新定位注意力的方向，让注意力越来越接近你的真实意图，更接近你真正愿意接受的事物。早在它呈现之前（实际上，就在你第一次开始思考它时），通过你对它的**情绪感受**，你就能分辨出是否真正想要它。如果你持续地关注它——那么无论它是你想要的，还是你不想要的——它都会来到你的生活之中。

即使你对**法则**一无所知，即使你不理解它们产生的影响，这些**法则**仍然发挥着作用，影响着你的生活。你也许缺乏这种认识，也没听说过**吸引力法则**，但它强大的效果仍然明显作用于生活的方方面面。

行文至此，请仔细思考，留意一下自己平时思考的事物和谈论的事物，看看它们与你现在所得到的事物之间的对应关系，你就会逐渐理解强大的**吸引力法则**。如果你有意地选择思维的方向，在你想要纳入生活经历的事物上集中注意力，那么在不远的未来，你的生活一定会蕴含你渴望的所有主题。

现实世界浩瀚无垠、复杂多变，充满令人称奇的万事万物，有些是你赞成的（或者你想要经历的），有些是你反对的（或者你不想经历的）。你来到现实世界的目的，并不是消灭所有反对的事物，添加**全力**赞成的事物，从而要求世界发生改变，以迎合你对事物的理解。

你来此是为了在自己选择的周围环境中进行创造，同时也能接纳世界以其他人所认可的方式继续存在。虽然别人的选择绝不可能阻碍你的选择，但若你对别人所选择的事物产生注意力，它就会影响你的思想振动，从而影响你的吸引力焦点。

思维拥有磁力

吸引力法则的影响遍及宇宙每一个角落，它产生的磁力能够让振动频率相近的思维互相吸引……它可以带来以下好处：关注主题，激发思维；并且，**吸引力法则**对思维的反应影响着生活中的任何人、任何事和任何情况。只要事物与你的思维振动相互匹配，它们都会如同经过强大的磁力漏斗筛选一般，流入你的人生经历。

无论是你想要的事物还是你不想要的事物，只要是你头脑中思考的事物，它的本质特点都会融入你的生活。刚开始了解这些可能会让你惴惴不安，但是，慢慢地你就能领会这条强大的**吸引力法则**的公平性、一致性和绝对性。一旦你理解了这条**法则**，开始思考真正想要的事物，你将重新获得生活经历的主导权。体验到拥有主导权的快乐之后，再次回想你过去的生活经历，你会惊奇地发现，没有任何事情是你渴望得到而又无法**完成**的，没有任何事情是你不想拥有却又无法抛开的。

理解了**吸引力法则**，就能明白，你一直思考着和感受着的事物，与你现在经历的生活，它们之间存在着绝对一致的对应关系；从此以后，你肯定会对思维的激发作用产生更深刻的认识。你所阅读的书刊、收看的电视、听说或观察别人的经历，都有可能使你的思维受到激发。只要你明白**吸引力法则**对思维所发挥的作用——它们在你的关注下由小变大，由弱变强——你就会产生一种内心的渴望，开始迫切想要指导自己的思维，使之更加接近你确实想要经历的事物。无论你思考什么，不管思维是由什么源头所激发的……只要你在思考那个念头，**吸引力法则**就会发挥作用，为你带来本质特点相同的想法、对话和经历。

不论你回忆过去、观察现在还是展望未来，你都是利用**现在**来完成这件事情，任何事物在你当前的注意力集中关注下都会激发振动，而**吸引力法则**立刻会对此作出反应。一开始你可能只是默默地思考某种特定想法，思考了足够长的时间以后，你会发现其他人也开始和你讨论它。因为**吸引力法则**找到了发出同一振动频率的其他人，并把他们吸引过来。你注意一件事物的时间越长，它就会变得越强大；你对它的**吸引力焦点**越强，生活中就会出现越多与它有关的迹象。**无论关注想要还是不想要的事物，你思维所产生的效果，都会无数次地证明吸引力法则的正确性**。

我与内心世界通过情绪进行交流

除了现实世界中你所知的身体之外，你还有更多未知的内容；你不仅是**现实世界**的杰出创造者，还同时存在于另一个世界。当你生活在现实世界的同时，你的另一部分，**超现实**存在的部分——我们称之为你的**内心世界**——也同时存在着。

情绪就是你在现实世界的指示灯，标示着你与内心世界之间的关系。换而言之，当你集中注意某一主题，对它产生特定的视角和观点时，你的**内心世界**也在集中关注它，也对它产生特定的视角和观点。而你此时产生的情绪，表明这些观点之间是否相互冲突。比如，经历某些事情后，你对自己的全面评价是：我本来应该做得更好的；我不够聪明；我根本一无是处。而你的**内心世界**对自己的全面评价却是：我已经做得很好了，我也很聪明，而且我一直都是个人才。这样一来，这些观点明显水火不容，所以你会产生**消极情绪**，从而体会到互相排斥。从另一角度看，当你感到自豪、关爱自己或者关爱他人时，你对自己的全面评价便更贴近于**内心世界**的当时感受；而这种情况下，你将感受到自尊、自爱或者自我欣赏等**积极情绪**。

你的**内心世界**，或者说**本质能量**，它理解事物的方式总能为你带来最好结果，如果你的理解方式正好与此相同，那么积极的相互吸引就会开始发挥作用。换而言之，如果你的情绪良好，表明你的**吸引力焦点**很精确，所以你能吸引美好的事物呈现。你的理解方式和你**内心世界**的理解方式之间的相对振动，决定了一直在发挥作用的伟大**情绪指导系统**的指向。

无论你发出何种频率的振动，**吸引力法则**都要对它进行响应，所以，你最好理解以下观点：你在创造过程之中所产生的情绪，表明了你是否正在创造想要的事物。

通常有一种情况，当有人获悉强大的**吸引力法则**后，逐渐理解自己的生活经历是由于自己的思考内容所致，于是开始监督每一条想法，常常因此感到思想的束缚。然而，监督思想可不是一件容易的事情，不仅你思考的内容纷繁芜杂，同时**吸引力法则**还在源源不断地吸引更多内容。

我们建议，与其尽力监督自己的思想，不如简单地留意自己

的情绪感受。因为,你的内心世界具有更渊博、更成熟、更睿智而且充满爱心的视角,如果你原本选择的想法与它不相协调,你就会感受到不一致,然后就可以轻易地重新定位思维的方向,转而思考让你感觉更舒适的事物,从而也能为你提供更好的服务。

当你决定进入现实世界之时,你就知道总有一天会认识到高妙的**情绪指导系统**,当时你就明白,在情绪感受的随时提醒下,你轻易就能获知自己是否偏离了内心世界的看法。

假如你的注意方向与内心想要的事物一致,你就会感受积极情绪。假如你的注意方向与你不想要的事物一致,你就会感受消极情绪。因此,任何时候只要简单地留意一下自己的情绪感受,你就能明白,你强烈召唤的事物是否真正是你想要的事物。

无处不在的情绪指导系统

奇妙的**情绪指导系统**,将为你带来巨大优势;无论你是否意识到它的存在,**吸引力法则**都会发挥作用。然而,假如你随时都留意**不**想要的事物,并且一直对它加以注意,那么在**法则**的作用下,你也会吸引越来越多相似的事物,直到最终把与此互相一致的事件或者情况吸引过来,融入你的生活经历之中。

尽管如此,假如你对**情绪指导系统**拥有清晰的意识,又对自己的情绪感受足够敏感,那么一旦你注意到**不**想要的事物,在刚开始只有一点点苗头的阶段,你就可以轻易地改变思想,转而关注你**真正**想要的事物。如果你对自己的情绪感受不那么敏感,你可能无法注意到,你正在思考的方向是指向自己不想要的事物，你很可能会把一些强大却又不想要的事物吸引过来，导致以后难以摆脱的局面。

如果你突然想起一个念头，而且对它充满渴望，这就表明，你的**内心世界**与这个念头在**振动频率上相互一致**，你此时流露的积极情绪，正表明思维的振动频率与**内心世界**的振动频率相互一致。事实上，这正是**灵感**的体现：在此刻，你的理解方式与**内心世界**的抽象理解方式完美地融合，而由于这种互相一致，你才能够与**内心世界**进行清晰的交流，接受它的**指导**。

如何加速事物的创造

在**吸引力法则**的作用下，互相一致的思想会融合在一起，照此发展下去，它们一定会变得更加强大。而当它们变得更加强大时，就更加接近于实现出来，而你所感受到的情绪也会成比例地相应变强。集中注意你渴望的事物，在**吸引力法则**作用下，越来越多与你渴望的事物有关的思想会被吸引过来，而你将会感受到更强大的积极情绪。所以，**你可以通过简单地集中更多注意力，来加速事物的创造——吸引力法则会帮你把剩下的事情搞定，为你吸引所思考主题的本质特点**。

我们要将**想要**或**渴望**这类词语进行如下定义：**集中注意力或关注于某一主题，同时体验到积极情绪**。当你注意某一主题的同时，只产生了积极的情绪感受，那么它将迅速地出现在你的生活之中。有时候，我们会听到现实世界的朋友说**想要**或**渴望**这些词语，同时却**怀疑**或**害怕**他们的愿望不能实现。在我们看来，纯粹地渴望某事发生却感受到消极的情绪，这是不可能的。

纯粹的渴望总是伴随着积极的情绪。这可能就是别人与我们所认为的**想要**或**渴望**的不同之处。他们经常争辩说"想要的"意味着一种缺乏并且与它本身的含义相互矛盾,我们也认为如此。但是问题并不是词语或称呼本身,而是使用这些词语时所表达的情绪状态。

我们的愿望就是帮助你理解这一点:无论你起点如何,无论你现状如何,你都能够从现状出发,达到任何想要成为的状态。最重要的一点,你只需要理解:你此时的精神状态,或者说你的态度,是你能够吸引更多事物的基础。因此,强大而始终如一的**吸引力法则**响应着这个振动宇宙的所有事物——它把振动频率一致的人们聚在一起,把振动频率一致的情况集中在一起,把振动频率一致的思想聚集在一起。确实如此,你生活中的一切事物,上至浮现于脑海的思绪,下至街上偶遇的行人,都要归因于**吸引力法则**。

我想要如何看待自己

对大多数人而言,生活往往一成不变,而且人们也希望生活继续保持这样,但是,仍然有人希望生活能够有所变化。为了让生活发生改变,你得将它们视为你想要的状态,而不是继续视其为现在状态。你所思考的想法绝大多数都是你一直关注的事物,这意味着**现状**决定了你的注意力和振动频率,从而决定了你的**吸引力焦点**。因为周围的人也观察着你的现状,接受着你的振动,所以这种局面将进一步加剧。

因此,大多数人将大量的注意力投向了当前情况(**现状**),

由此产生的后果就是变化往往来得非常缓慢，或者根本就不发生。不同的面孔如流水般源源不断地流过你们的生活，但是生活经历的本质却绝少改变。

为了让你的生活实现真正的积极突破，你必须无视事物本来的状态——也不用理会别人如何看待你——而要将你的注意力更多地投向你更愿意看到的事物状态。经过不断的练习，你可以改变自己的**吸引力焦点**，体验到生活经历的本质改变。疾病将转化为健康，贫穷变得富裕，糟糕的人际关系改换成良好的人际关系，困惑取而代之以明晰，如此等等，不一而足。

通过有意地指引你的思维——而非仅仅观察周围一直发生的事情——你将改变**吸引力法则**所响应的振动模式。不久以后，只需一点点努力，远比你现在所能想象的更少努力，你就能够不再响应其他人对你的看法，创造出与过去和现在绝不雷同的未来。相反，你将成为自己生活经历的强大而有意的创造者。

你总不愿意看到这样的场面，一位雕刻家将一大团黏土扔到工作台上宣称："噢，这根本不是我想要的样子！"他应该知道必须亲自把手伸进黏土里进行塑形，这样他头脑中的形象才能与桌面上的黏土一致起来。你生活经历的变化多样给了你塑造生活的黏土，不要仅仅注意到它的现状，不要拘泥于它的现状，牢牢抓住不放，而要有意将它塑造成为你渴望的生活；它并不能令你现在满意——也不是当时你决定来到这个现实世界时所想象的样子。我们想让你明白，你生活的"黏土"，无论它现在看起来如何，都能够随意塑造。绝无例外。

小家伙，欢迎你来到地球

假如在你来到地球的第一天，这些文字就呈现给你，也许你会更容易接受它们。现在假定我们是在你出生后的第一天与你交流，我们想要给你传达以下内容：

> 小家伙，欢迎你来到地球……在这里，你可以成为任何人，做任何事情，拥有任何想要的东西。你是一个伟大的创造者。你出现在这里，是由于你强烈而有意的渴望，是你想要来到这里。你已经很具体地运用了美妙的有意创造的科学；你有能力做到如此，所以你才来到了世界。
>
> 好好生活吧，留意你想要的事物，吸引各种生活经历，以此帮助你决定什么是你的最佳目标；一旦你决定好了，就用你的注意力锁定它。
>
> 你的大部分时间将要用来搜集资料——搜集那些用以帮助你决定什么是你想要的事物的资料……你真正的任务是决定你想要的事物，然后关注它；因为只有通过集中关注你所想要的，你才能吸引它。这是一个创造的过程：留意你想要的事物，它将产生许多清晰的思想，让你的内心世界流露出积极的情绪。而当你饱含情绪进行关注时，你就会变成最强大的磁体。这个过程，将把你想要的事物吸引过来，成为你的生活经历。
>
> 你将来思考的许多想法，在刚开始的时候吸引力

也许不会很强大，除非你用足够长的时间来关注它们，直到它们变得更多，才能强大起来。当它们数量变多时，它们的力量也会相应变大。而当它们数量变多力量变大后，你从内心世界所感受到的情绪也会更加强烈。

当你思考着能唤起积极情绪的想法时，你正在接近宇宙的力量。在第一天就好好生活吧（这是我们一定要说的），**明白你的任务就是决定什么是你想要的事物——然后对它集中注意力。**

然而，我们现在与你对话，你已经不是第一天生活了，你已经生活了一段时间。你们当中的大多数人，并不是仅仅通过自己的眼睛（实际上，甚至并非完全通过眼睛）来看待自己，而是通过别人的眼睛来看待自己。因此，**你们大多数人，现在都没有处于自己满意的生活状态之中**。

“现实”真的那么真实吗

我们有一个方法，可以让你达到梦寐以求的生活状态；你能够借助宇宙的力量，开始吸引自己**想要**的生活，而不是一如现在，继续维持着生活现状。在我们看来，**当前存在的事物——也就是你所称的“现实”——与你的真正的现实之间有着很大的不同**。

即便你身体不算健康，或者对自己身体的大小、外形、体能并不感到满意；即便你的生活条件不尽如人意；即便你老是开着很没面子的汽车;即便你不得不敷衍一些话不投机的人……我们仍想使你明白:虽然这些看起来就是你的生活现状,但是它并非如此。**无论何时,你真正的存在状态,在于你如何看待自己。**

如何增强我的磁力

你所思考的想法,如果不能产生强烈的情绪感受,就无法具备强大的磁力。换句话说,如果你所思考的每一种想法都具有创造性的潜力,或潜在地具有磁性吸引力,那么在强烈的情绪作用下,这些想法便具备最强大的力量。当然了,你所思考的大部分想法,是没有多大吸引力的。它们只是或多或少地维持着原本已经吸引过来的东西。

因此,你绝不能忽视以下做法所带来的好处:为了满足自己的需要,为了吸引某些情况和事件进入你的生活,你尽可以每天花费十到十五分钟时间,有意地提出一些强烈的想法,提出能够产生强烈激情和积极情绪的想法。(我们发现这种做法蕴含着极大的好处。)

在这个方法中,你每天只需花费少量的时间,全神贯注地把以下事物吸引过来:健康、活力、财富、积极的人际交往等所有这些构成你对完美生活想象的事物。朋友们,这将是一个彻底改变生活本质的过程。因为,当你有意做出计划并达到既定目标后,你将不仅受益于既定的创造成果,还能激发一些新的观点,从而促使你的计划有所改进。而这就是进化和发展的所在。

亚伯拉罕的创造性工作坊

方法过程是这样的：每天参与一种**创造性工作坊**——时间不用太长——十五分钟就足够了，最多二十分钟。**工作坊**不需要每天都在固定地点开展，但是最好能够在一个不被人打扰的地方。它并不是让你进入一种意识的改变状态，也不是冥想；它只需要你通过确定的情绪清楚地明白**内心世界**的反应，关注自己所想要的东西。

在你运用这个方法之前，很重要的一点是你必须快乐。因为，假如你不快乐或者无动于衷，那你的所作所为会由于你的吸引力不够强大而变得毫无价值。当我们说“快乐”时，并不是指那种上蹿下跳的过度兴奋状态。我们的意思是一种愉悦的、无忧无虑的感受，一种感觉一切如此美好的体验。因此，我们建议你无论通过何种手段也要使自己变得快乐。你们每个人的方法可能不尽相同……对埃斯特来说，听音乐能够迅速地使她进入轻松愉悦的感觉——但并不是所有的音乐都能发挥作用，而且也不是每次都要用同一段音乐；对有些人而言，是以与动物进行交流或靠近流水的地方来找到快乐的。一旦你进入了那种美好感觉，那么坐下来——**工作坊**训练现在开始了。

你在**工作坊**中的任务是，消化吸收真实生活经历（包括你与其他人在现实环境中交往的经历）中搜集而来的信息数据。你主要就是把快乐和满意的信息收集在一起，形成一幅自我画像。

在**工作坊**之外，你的日常生活经历也有很大的价值。当你整日不停地忙活时，无论你所做的是什么——工作也好，干家务也好，与伴侣、朋友、孩子们或父母交流也好——**只要你在干这些事情的同时，带着这样的意图——寻找并收集所喜欢的事物和信息，把它们带入工作坊——那么你将发现每天都能成为快乐的一天**。

当你身上有钱又打算买点东西时，你是否会去疯狂购物？好比你在商场环顾四周，发现尽管有很多东西你并不需要，而你却总能买点东西来换换零钱。我们希望你平时也能如此对待自己的生活经历，随时准备收集你所喜爱的信息。

举个例子，你可能觉得某人生性达观。收集此信息，然后有意地将它带入你的**工作坊**。你可能看到某人开着一辆你很喜欢的汽车，把这条信息也收集下来。你还可能看到一件让你很满意的工作……无论看到什么，只要是你满意的，就把它记住（甚至你可以把它写下来）。当你在生活中看到希望发生的任何事情时，就要像在精神银行存款一样，把这些信息存储起来。之后，当你进入**工作坊**进行心灵训练时，你可以对这些信息进行消化吸收。按照以上做法，**你可以为自己准备一幅自我画像——并以此将你满意的事物吸引过来，融入你的生活经历**。

如果你已经明白，你的**真正**任务就是四处寻找你想要的事物，无论你是否同时还在从事其他工作，尽力将它带入工作坊，并以此创造将来用以吸引事物的自我画像——不久你会发现，你可以成为任何人，做到任何事情，拥有任何事物。

我正在参加创造性工作坊

好了，现在你很快乐，正坐在某个角落里开始**工作坊**训练。在**创造性工作坊**中，你要做的事情就如以下例子所述：

我喜欢呆在这里，我深知这段时间的价值和力量。我在这儿感觉很好。

我把自己看成一套完整的有机组合，兼具自身创造力的组合，当然也是我自由选择的组合。在我的自画像上，我精力十足——不知疲倦，完全无拘无束地穿行于生活之中。我感觉自己在自由翱翔，在汽车、建筑物、房间里自由出入，轻松自在地与人交谈对话，我感觉自己快乐如行云流水一般，毫不费力，悠闲自得。

我感觉自己正在吸引，吸引与我现在的意图互相一致的事物。每一时刻，我都感觉自己越来越清晰地了解自己，知道自己究竟想要什么。当我钻进汽车开向某地时，我看到自己生气勃勃、精神抖擞地准时赶到目的地，为接下来要做的所有事情都做好充分准备。我感觉自己的着装完美地展现了个人的品位。并且，我很高兴地认识到，它与别人的选择无关，甚至与别人如何看待我的选择无关。

真正重要的是，我一定要对自己感到满意；当我审视自己时，我发现的确如此。

我认识到自己生活的方方面面都毫无限制……我

的银行账户存款绰绰有余；我看到自己穿行于生活之中，并欢欣鼓舞地发现，我所选择的任何事情都不会因钱财不足而受到限制。我所做出的任何决定都是基于我是否愿意经历——而不取决于我是否支付得起。因为我知道，在任何时刻，我都是一个磁体，可以随心所欲地吸引我所选择的财富、健康和人际关系。

我选择绝对而持久的富足，因为我理解宇宙的财富是没有尽头的，而且我吸引的财富不会妨碍别人……每个人都有足够的财富。关键是我们每个人都要看到它并想要它——然后我们才能各自吸引它。因此，既然我已经选择了“无限”，就没有必要把财富大量地保存起来——因为我知道自己有能力在任何想要的时候将它们吸引过来。当我想起想要的事情时，金钱就会向我滚滚而来，因此我拥有无限供应的财富和宝藏。

在我生活的每个领域都有着足够宽广的发展空间……我看到周围的人们像我一样渴望发展；在我的意愿吸引之下，我把他们召集过来，接纳他们成为任何自己想要成为的人物，做出任何乐意的行为，拥有任何想要的事物；我不去吸引他们之中我不喜欢的事物。我仿佛看到自己正与别人交流，聊天、大笑、互相分享着对方内心的完美。我们所有人都能互相欣赏，无人指责或在意我们所不喜欢的事物。

我感到自己的健康状态近乎完美。我感到自己拥有绝对的财富。我感到自己生气勃勃，我要再一次感谢这段生活经历，感谢在我决定进入现实世界时就一直想要的生活经历。作为一个生活在现实世界的人，利用肉体的大脑作出决定，并且借助吸引力法则的力量获得宇宙的能量，这是无上的荣耀。正是由于这种令人惊叹的存在方式，现在的我吸引了更多类似的经历。它很好，很强大；我非常喜欢。

我将要结束工作坊的训练了，我要开始出发——在今天余下的时间里——去寻找更多我所喜欢的事情。如果我看到某人非常富有却疾病缠身，我并不会把这些全部组合都带入工作坊中，而只需要选择我喜欢的那部分就可以了。因此，我将把财富的特征引入，而把疾病的特征剔除。现在，我的任务完成了。

并非所有的法则都是万能法则

杰瑞:亚伯拉罕,你们说起过三条主要的**万能法则**。是不是还有一些并非**万能**的**法则**?

亚伯拉罕:你们所说的**法则**有很多种。我们只把那些**普遍适用(万能)**的规律定义为**法则**。换而言之,当你们进入现实世界后,你们拥有关于时间的一致约定,拥有关于地球重力的一致约定,还拥有关于空间概念的一致约定;但是这些约定并不是**万能**的,因为在其他维度的世界里,这些约定并不适用。在很多场合下,你可能都会使用**法则**这个词语,而我们却要用**约定**来替代。以后,我们再也不会向你们揭示其他的**万能法则**了。

我该如何最好地利用吸引力法则

杰瑞:是不是存在许多不同的方式,可以让我们清醒地或者有意地使用**吸引力法则**?

亚伯拉罕:我们首先要说的是,无论你意识到它与否,你一**直**都在使用**吸引力法则**。你没法摆脱它,因为它是你所做的任何事情的固有属性。当然,我们也明白你提出问题的本意,你是想了解如何才能**有意地**使用它,以达到你**原本**渴望的目的。

意识到**吸引力法则**的存在便是有意使用它的重要关键。既然**吸引力法则**总是能够响应你的想法，那么对你的想法进行集中注意就是重中之重。

选择你感兴趣的主题，思考其中对你有利的一面。换而言之，寻找主题之中你所关注的积极方面。当你选择了一种想法后，**吸引力法则**就会对它发生作用，吸引更多类似的想法，从而使得这个想法更加强烈。

集中注意你所选择的一个主题，不要让思维不断变换主题，这样才能对该主题形成更强大的吸引力焦点。通过集中注意力将能产生巨大的能量。

当你对所思考的想法、所做的事情甚至与之相处的人们作出有意的选择之后，你将会感受到**吸引力法则**带来的好处。当你用心与赏识你的人们相处时，它将激励你产生自我欣赏的想法。如果你花时间与只看你缺点的人相处，那么他们对你的缺点的看法往往变成你的**吸引力焦点**。

无论你留意什么，它都将变得越来越强大（因为**吸引力法则**必定如此），认识到这一点后，你恐怕就要对自己原本关注的事物进行更加严格地挑选。在你思想的初始阶段改变方向，肯定要比思想获得一定动力之后改变起来容易得多。但是，在思想的任何阶段，思想方向的改变都是可以的。

我能瞬间逆转我的创造性动力吗

杰瑞：比如说，在过去想法的作用下，有人已经启动了某些事物的创造，并因此产生了一定的创造性动力，而现在他们突然决定改变创造事物的方向，那么，以前所产生的动力会不会对此有所影响？他们是应该先对正在进行的创造过程减速呢，还是不管正在创造什么，只要即时地创造一个新的方向就可以了？

亚伯拉罕：吸引力法则的确会存在动力因素的问题。**吸引力法则**认为：**相似的事物互相吸引**。因此，通过注意而激发的任何想法都会变得越来越大。但是，你也知道，动力的积累是一个渐进的过程。因此，与其试图将思想调转方向，不如考虑集中关注另一个想法。

比如说你一直在思考着不想要的事情，已经想了好长一段时间了，因此形成了相当强大的反向动力。那么，你不可能突然开始思考相反的想法。实际上，以你现在所处的状态出发，你甚至不可能接近那些完全相反的想法——**但是你可以选择另一种想法，另一种感觉稍好一点的想法，比你原来所思考的想法更合适一些的想法，接着再换，一直换到你逐渐改变思考的方向。**

另一种改变思考方向的有效方法是完全改变注意的主题，有意找出事物的积极层面。如果你能够这样做，愿意花时间全神贯注地思考感觉更好的想法，那么，在**吸引力法则**的作用下，它会改变思想的平衡，使之倾斜于感觉更好的想法。假若你现在回头思考以前的想法，因为你已经处于一种不同模式的思想振动下，以前的想法会由于你振动频率的改进而发生轻微改变。如此这般，一步一步地推进你所选择的思考主题，一点一滴地改变其振动频率，而随着这些变化的产生，你的生活也会开始朝着更积极的方向转变。

人如何克服失望

杰瑞：对于迫切希望增加财富或者拥有健康的人，如果他们已经具有相反方向的动力——贫穷或者疾病缠身，他们需要多少信念或信心才能克服自己的失望，在糟糕的局面下说服自己："我知道自己能行！"

亚伯拉罕：你也知道，从失望的角度出发，只能吸引更多令人失望的事物……理解创造的过程才是最好的解决之道。这就是**创造性工作坊**的重大意义所在，达到快乐状态的意义所在，在你需要进行工作坊训练的时候，找到一个能够**感受**快乐的地方，**沉浸**在清晰的快乐之中，努力相信目标一定会实现，直到为此产生积极的情绪——从**那种**状态出发，你的快乐生活就能招之即来。

失望是来自你内心世界的一种交流方式，它告诉你，你所集中注意的并不是你真正想要的事物。如果你对自己的情绪感受足够敏感，那么失望本身就是对你的提醒，提醒你所思考的事物并不是你想要的事物。

是什么导致了全世界范围的负面事件

杰瑞：多年以来，电视新闻广播和其他媒体所报道的劫机事件、恐怖主义活动、重度虐待儿童事件、大屠杀或者类似的负面事件——此类事件几乎在全世界泛滥。它们都是以相同的方式引发的吗？

亚伯拉罕:关注任何事件的主题都会使之无限放大;对事件主题的关注激活了它的振动,而**吸引力法则**会对激活的振动进行反应。

预谋劫机的人,不断地谋划这种想法,因而为这种想法注入了力量;而害怕遭遇劫机的人们,对遭遇劫机的可能性产生**恐惧**,因而也为这种想法注入了力量——通过你对事件本质的关注,你为自己不想要的事件增加了力量。而生活有明确目标的人,从来不把任何负面信息放在心上,他们可能根本就不会关心这些媒体报道。

世界上有如此大量千差万别的意图与动机,我们很难一一指出它们是如何产生的……当然,新闻的传播加剧了它们的发生。越来越多的人们开始关注不想要的事件,于是创造出越来越多不想要的事物。人们的情绪力量正在对全世界施以巨大影响。这就是群体意识所起的作用。

关注医疗过程会招致更多疾病吗

杰瑞:如今,各式各样的外科手术电视直播节目充斥着电视屏幕。你们真的认为,由此引发的手术病例增加,一定会实实在在地发生在收看电视的人身上吗?换句话说,当个体观察电视直播手术过程时,自身思维的振动频率会不会自动变得与手术过程一致呢?

亚伯拉罕:当你关注某些事情时,你吸引它的可能性就增加了。细节越生动,就会产生越多的关注,而你本身就越发可能融入这种生活。如果你观察细节时感受到任何消极情绪,那么你就在进行消极的吸引。

当然,疾病并不会立刻发生,所以你常常不会把你的想法、由此产生的消极情绪和最终导致的疾病联系在一起。但是,它们完全是相互对应的。**你对任何事物的关注都让它与你走得更近**。

幸运地是,由于还有一段**缓冲时间**,你的想法不会立刻变为现实,因此你有很多机会对你的思维方向进行调整(通过你的感觉指导),并在你感觉到消极情绪时对它进行改变。

频繁不断地揭露疾病过程的细节信息,是在为增加社会疾患推波助澜。一系列统计资料表明,人类有可能罹患的身体疾病种类层出不穷、花样百出,如果你把自己的注意力集中在这些令人不安的信息的狂轰滥炸中,不仅对你毫无助益,反而影响你个人的**吸引力焦点**。

相反,你可以换一种方式,关注自己真正想要经历的事物;因为无论任何事物,只要你始终如一地关注它,你都在吸引它……**你对疾病思考和担心得越厉害——你所招致的疾病就越多**。

我应该对消极情绪盘根问底吗

杰瑞:假设有人按照**创造性工作坊方法**的指导,正在关注想要的事物,但是,结束**工作坊**训练后却感受到消极情绪,你们觉得,应该努力找出引发消极情绪的思想源头吗?或者,只要思考着**工作坊**中想要的事物就可以了?

亚伯拉罕:创造性工作坊方法的优势在于:你对某一主题关

注越多,它就会变得越强大;你越容易想起它,它就越容易出现在你的生活之中。千万要注意!无论何时,当你意识到消极情绪时,其实你一直都在进行消极的**工作坊**训练。只是你自己还未发觉。

无论何时,只要发现自己有消极情绪,尽量将你的想法缓缓投向**真正**想要的生活经历,然后逐渐改变自己的思维习惯。无论何时,只要你能够辨认出**不**想要的事物,那么你离**真正**想要的事物就不远了。无论关于何种重要主题,在你反复确认之后,你相应的思维模式会一致地转向真正想要的事物。换而言之,你的信念状态将由现在关注不想要的事物,逐步过渡到关注真正想要的事物。

过渡不想要的信念的示例

杰瑞:能不能举例说明如何"过渡信念"?

亚伯拉罕:当你持续地关注所渴望的事物,并为之树立一定的目标时,你的**情绪指导系统**就能发挥最大的作用。比如说,你在**工作坊**中设定了完美的健康状态这一目标,你把自己想象为一个身体健康充满活力的人。而现在,回到日常生活之中,吃午饭的时候到了,坐在你身边的一位朋友却絮絮叨叨地诉说着她的疾病。她细节生动地描述自己的疾病,你感到非常不安,心神不宁……那么,现在的情况下,你的**指导系统**在向你发出警报:**你所听到的和你所思考的内容——也就是你朋友诉说的内容——与你本身的意愿并不一致。**接下来,你果断地决定停止这种对话,不再谈论更多疾病的话题。你试着换个话题,但你的朋友貌似对此情有独钟，她又一次地把话题牵扯到疾病上来。你的**指导系统**只好又一次拉响了警报。

你感受到消极情绪，并不仅仅因为你的朋友正在谈论一些你不想要的事情。**你的消极情绪表明，你所持有的信念与你的愿望相反**。你朋友的言谈仅仅是激活了你内心的信念，而它与你追求健康的愿望相冲突。即使从你朋友身边走开或者避开这场对话，你也无法改变心中的这些信念。所以，很有必要从你现在所持有的信念出发，通过建立一座所谓的桥梁，把信念逐步过渡到与你追求健康的愿望一致。

一旦你感受到消极情绪，在它刚刚出现苗头的阶段，立即停下手头的事情，检查你所思考的想法，这一定会让你受益匪浅。只要你感受到消极情绪，就都在表明你所思考的东西很重要，而且它与你真正想要的事物正好相反。因此，你可以提出一些类似这样的问题，“当消极情绪出现苗头时我正在思考什么？”“关于这点我真正想要的是什么？”这样可以帮助你加深认识，你所关注的是你真正想要事物的对立面。

比如，“当消极情绪刚刚出现时我正在想什么？我正在想流感季节已经来了，以前我患上流感的惨状是多么刻骨铭心啊。我不仅耽误了工作，错过了很多事情，而且每天的生活非常痛苦。我**真正**想要的是什么呢？我想要今年保持健健康康的。”

但是，在这种情况下，仅仅说一句“我想要保持健康”往往是不够的，因为你对患上流感的记忆，以及因此而产生很可能再患上流感的念头，要比你保持健康的愿望强大得多。

我们可以试着用以下方式来过渡信念：

我往往就在每年的此时患上流感。

今年我不想再患上流感。

我希望今年不会再患上流感。

看上去好像每个人都会得流感。

那也太夸张了。可不是每个人都会得流感的。

事实上,在很多的流感季节里,我并没有患上流感。

我并不是总要患上流感的。

有可能流感季节来了又走,我根本就没有受到感染。

我喜欢保持健康这个想法。

患过流感以后,我才认识到自己能够主导经历。

既然我理解了思想的力量,一切就能够有所改变。

既然我理解了吸引力法则的力量,事情就能够发生改变。

今年我未必会患上流感。

我不想要的任何事情未必都会发生。

把我的想法转向我真正想要的事物,这是可以的。

我喜欢这样引导我的生活,走向我真正想要经历的生活。

现在你已经完成了信念的过渡。如果仍然有消极情绪——它可能会如此反复一段时间——只需要更加有意地指导你的思想,它最终不会再出现了。

我梦里的思想会进行创造吗

杰瑞:我想了解梦是怎么回事。在梦中,我们也会进行创造吗?我们会因为梦中所产生的想法或者经历而吸引事物吗?

亚伯拉罕:不会。当你睡觉时,你已经把现实世界的清醒意识收起来了,所以睡着之后暂时不会吸引任何事物。

无论思考什么(或者感受到什么),你所吸引的都是与它相互一致的事物。你在做梦状态时思考和感受到的事物,与你在现实生活中所呈现的事物,它们之间也是相互一致的。**你的梦中所见,只是对你已经创造出来的事物或者正在创造的事物进行粗略地浏览——但在做梦之时,你并没有进行创造。**

你常常无法直接意识到思维的模式,除非它们真实地出现在生活之中,这是由于你逐步养成了思维习惯所致。即便你不想要的事物出现之后,你仍可以关注它并且改变它,直至它变成你想要的事物;但是,如果你想要的事物出现之后,再要改变它就困难多了。这时候就体现梦境的价值了,梦境能够假设你所想要的事物已经出现,接下来是否接受就要看你自己。理解了梦境的真实情况,那么当它们在生活中真正发生之前,你还可以改变思维的方向。**比起真实生活发生之后再进行弥补,用梦境作指示能让思维方向的改变更为简单。**

我必须同时接受别人的好处和坏处吗

杰瑞:与我有关的人,他们所吸引的事物之中,有多大程度是受到我的生活带来的影响?或者说,与我有关的人,他们所吸引的事物,会对我的生活造成多大的影响?

亚伯拉罕:只要你不去关注,任何事物都无法影响你的生活。然而,大多数人关注别人生活的方方面面,同时又不加以仔细的辨别和筛选。换而言之,如果你对别人的**一切**都加以注意,那么你就会把**所有**正反方面都请进自己的生活。如果你只留意其中最喜欢的事物,那么你只会把这最喜欢的特征请进自己的生活经历之中。

如果有人出现在你的生活之中，说明你吸引了他们。然而，往往令人难以接受的是，你和他们之间所发生的一切故事，也都是你吸引而来的——因为如果没有你的个人吸引力，没有任何事物能够进入你的生活。

我是否应该“不要与恶人作对”[1]

杰瑞：我们真的不需要反对任何负面情况吗？我们就只需要吸引我们想要的东西吗？

亚伯拉罕：把你不想要的事物从身旁推开，这是不可能的；因为在你推开它们的同时，你实际上正在激活它们的振动，从而对它们产生吸引。宇宙的万事万物都是以吸引力为中心的。换而言之，根本就不存在相互排斥的事物。当你对着不想要的事物大喊“不要”时，你实际上正在把不想要的事物请进生活经历之中。当你对着正想要的事物大喊“要”时，你实际上也在把真正想要的事物请进生活经历之中。

杰瑞：这可能就是“不要与恶人作对”这句格言的由来吧。

亚伯拉罕：无论你对抗任何事物，你都在关注它，推动它，并且激活它的振动——从而吸引它。因此，对任何你不想要的事物而言，这样的做法是不明智的。“不要与恶人作对”可能是某个世外高人所说，他非常明白人类所称的“邪恶”并不存在。

---

① “不要与恶人作对”典故出自《圣经·新约·马太福音》第五章第三十九节：“只是我告诉你们，不要与恶人作对。有人打你的右脸，连左脸也转过来由他打。”

杰瑞:亚伯拉罕,那你们对**恶**这个词的定义是什么呢?

亚伯拉罕:我们的词汇里不存在**恶**这个词语,因为在我们的世界里,我们并没有觉察到任何可以用这个词语来归类的事物。当人类使用这个词语时,通常意指"善的对立面"。我们已经注意到,当人类使用**恶**这个词语时,意指某些与**他们**心目中的善良或者上帝相反的事物。**恶**是人们认为与心中所想要的不一致的事物。

杰瑞:那么什么是**善**呢?

亚伯拉罕:善一般是指人们认为自己的确想要的事物。你要知道,善和恶只是用来区别**想要的事物**和**不想要的事物**的方式。而**想要的事物**和**不想要的事物**仅仅在于个人的需求。当有人希望所有人都应该如何的时候,事情就会难以实现;若他们试图强迫**控制**别人的愿望,那就更加不靠谱了。

我如何发现自己真正想要的是什么

杰瑞:多年来,经常听到有人焦虑地说:"唉,我就是不知道自己想要什么。"我们**到底**怎样才能知道自己想要什么?

亚伯拉罕:你们来到现实世界,是为了体验生活的丰富多样、千姿百态,是为了选择自己的个人爱好和满足个人愿望。

杰瑞:你们能不能大致描述一种方法步骤,好让我们发现自己想要的事物?

亚伯拉罕:你们会在生活经历的不断磨炼中,逐步确认自己想要的事物。实际上,一旦你敏锐地意识到不想要的事物,从那一刻起,你就明白了什么是你想要的事物。你可以在心里说,

“我想知道自己想要什么。”一旦自己的意图得到澄清，吸引的力量就能够得到强化。

杰瑞：那么是不是只要说“我想知道自己想要什么”，从那一时刻起就开始发现所想要的事物？

亚伯拉罕：在生活中，你对事物的选择难免要服从自己的理解力、个人观点和个人喜好，比如“比起这个我更喜欢那个，我喜欢那个比喜欢这个多一些，我想经历这种事，不想经历那种事。”当你认真推敲生活的所有细节之后，你终究会得出自己的结论。

正如人们不相信自己能够心想事成一样，我们也想不到人们在决定自己想要什么时会如此难熬……因为他们不理解强大的**吸引力法则**，因为他们没有清醒地意识到自己发出的振动，所以他们无法深刻体会到生活经历是可以有意控制的。很多人都经历过这种痛苦：苦苦地索求某种事物，用尽一切手段努力得到它；但他们更多地思考了得不到它所产生的痛苦，甚至压倒了如何得到它的想法，因此这样做的结果只会离目标更远。随着时间的推移，他们开始把获得想要的事物与辛苦的工作、奋斗和失望联系在一起。

因此当人们说“我不想知道自己想要什么”时，真正的意思却是“我不知道要怎样做才能达到目标”，或者说，“我不想以自己所知的方式，去努力达到目标”，“我真不想这么白白地辛苦一场，却还要承受劳而无功的痛苦！”

在心里说“我想知道自己想要什么”，便是**有意创造**的第一步，也是最关键的一步。但是接下来，你还必须对目标加以有意地指导。

大多数人的思维并未有意指向真正想要的事物，相反，他们只是简单地重复关注着周围一直发生的情况。因此，当他们看到令人愉快的事物时，就会感觉到积极情绪；当看到令人难过的事物时，就会感觉到消极情绪。**很少有人认识到，只要有意地调整思维方向，他们就能够控制情绪感受，并且积极地影响生活经历之中的事物。但是他们并未习惯如此，这需要不断的练习才能做到。**而这就是我们提倡**创造性工作坊方法**的原因。有意地调整思维方向，并创造出令人愉悦的精神状态，你的内心便能产生美好的感觉，由此开始改变**吸引力焦点**。

你所思考的想法，无论是来自你对现实世界的观察，还是来自你的想象，宇宙都会不加区分地进行响应。无论何种情况下，你的想法都等同于你的吸引力焦点——如果你长久地关注它，它就会变成你的现实。

我本来想要蓝色和黄色，却获得了绿色

当你清楚了解内心的需要后，**一切**你想要的结果都会为你呈现。但在一般情况下，你并不完全清楚自己的需要。比如，你说："我想要黄色，还想要蓝色。"而结果你却得到绿色。于是问自己："我怎么会获得绿色？我根本没有这样想过啊！"但你要知道，一切结果总是以综合各种意图的方式呈现的。（通常，黄颜色和蓝颜色叠加之后就能够产生绿颜色。）

同样道理，在无意识的状态下，不同的意图一刻不停地发生互相融合；它们如此复杂，在意识清醒状态下，你的思考能力是不足以对它们进行完整分类的。然而，你的**内心世界**却**能够**对

此条分缕析——除此之外，还为你产生具有指导性的情绪感受。这一切只需要你稍微关注自己情绪感受：远离不想要的事物，同时接近那些感觉美好的事物。

通过一些澄清意图的训练之后，往往在与人交往的初期阶段，你就能判断出别人所展示的特点是否值得借鉴。你就知道是否需要把他们请进你的生活经历。

受害者是如何吸引劫匪的

杰瑞：劫匪被受害者的钱财所吸引，这我能够理解。但是，我却很难理解无辜的受害者（一般都是如此形容他们的）如何会被劫匪所**吸引**，也无法理解受到歧视的人如何会被偏见所**吸引**。

亚伯拉罕：其实它们是一回事。受害者与攻击者都是事件的共同创造者。

杰瑞：也就是说，其中一方因为思考着他们不想要的事情而遭遇这种经历，而另一方则因为思考着他们想要的事情（或事件的振动特征）而遭遇这种经历。换句话说，他们就是你们所说的振动特征一致的相配者。

亚伯拉罕：无论你希望它发生也好，希望它不发生也好，都无关紧要；真正的要点是你所关注主题的本质特点，是它引发了吸引作用。**那些你真正非常想要的事物，你会遭遇它——而你真正非常不想要的事物，你也得遭遇它。**

为避免对不想要的事物产生强烈情绪的想法，惟一方法就是停止对它的思考，尤其是在想法还不太强烈的开始阶段就停止，否则在**吸引力法则**的作用下，它会不断得到强化。

比如说你正在看报纸，上面报道有人被打劫了。除非在你阅读一段细节描写之后，内心产生强烈的恐惧，否则光是阅读报道或者听到消息，本身并不一定使你吸引类似的事件。但是，如果仔细阅读之后，或者看过电视之后，或者与其他人讨论之后，你开始感到强烈的不安，那么你就开始吸引类似的经历了。

当统计资料预计今年将有多少比例的人口要遭遇抢劫时，你一定要弄明白，这些数字如此之高且在不断攀升，正是因为许多人在被这种统计资料的思想支配着。这些**警告**并不能保护你远离抢劫，相反，抢劫因此更容易发生。他们成功地使你意识到抢劫是如此泛滥，反复地将这种意识强加给你，占据你的注意力，导致你想起它时不仅仅感受到消极情绪——你最终反而盼望它发生了。**难怪你们遭遇不想要的事物如此之多，只因你们把太多的注意力投给了自己不想要的事物……**

我们的建议如下：如果你听说一起暴力事件，你要说："那是别人的经历，我不一定会那样。"然后无视你**不**想要的想法，想起你**想**要的事物，因为**无论你想要与否，你将获得你所思考的东西。**

你和许多人一起来到这个世界，是因为你们想经历共同创造的美妙过程。你能够从人群中吸引这些人来到身边，愿意与他们共同积极地创造；你也能够从这群人里吸引你想要的生活经历。**远离或躲避不想要的人群或经历，这是不必要的，也是不可能的——但只去吸引那些让你快乐的人或者经历，这是可以做到的。**

我决定改进我的生活

杰瑞:当我还是小孩时,我的健康状况很差,身体十分虚弱;十几岁后,我决定加强身体锻炼,并且成功地练就一个强壮的身体,同时也学会了保护自己。我练习过武术,很能打架。

从十几岁开始直到三十三岁,我的生活很少保持一星期内都太平无事,不是参加我们当时所谓的"肉搏",就是打破别人的头。后来,在我三十三岁那年,我读到《**犹太法典选集**》中关于复仇带来的恶果的描写,我作出了很多重要决定,其中之一就是停止复仇——从此以后我就再没有打过架。换种方式说,那些我认为总是和我找茬打架的人——当我不再打架,也不想打架的事之后,就从我的生活之中消失了。

亚伯拉罕:在三十三岁那年,你改变了吸引力的方向。日复一日、年复一年的打架生涯,已经让你知道,什么是想要的和什么是不想要的,你心里肯定已经有所感悟。只是当时还没有清醒地意识到这些,每打一场架,你都更加明白自己不想再过这种生活。

你不想受到伤害,也不想伤害别人;即便你总认为打架是理所当然的,你的内心还是产生了清晰的意图,作出了另外的选择。你所提到的那本书之所以吸引你的注意,就是你内心产生的意图所致。它从你现状的各个角度出发,为你内心的许多疑问作出了回答。得到这些答案之后,你便产生了一个清晰的目标,从而在你的内心生成了一个新的**吸引力焦点**。

我们的宗教偏见与种族歧视的深层原因是什么

杰瑞:为什么会存在偏见?

亚伯拉罕:总有这样一些人,他们不喜欢别人的某些特征;他们在对这些特征的厌恶中,产生了偏见。我们想要指出的是,并不仅仅是怀有偏见的人导致了歧视的发生。更多的情况下,认为自己**受到**歧视的人,才是偏见的最大创造者。

一个人若感觉别人都不喜欢他——不管以任何理由——无论是宗教、种族、性别或社会地位……无论是什么原因导致如此感受,只要他感到自己受到歧视——那么正是他对歧视这一主题的关注才造成了自己的困扰。

"相似相吸",还是"相反相吸"呢

杰瑞:亚伯拉罕,有一种观点似乎与你们所说的南辕北辙。那种观点是"相反的事物相互吸引"。你们说"相似的事物相互吸引",看起来两种观点截然不同。他们认为,相反的事物看起来的确会互相吸引,比如一个外向的男子会娶一个害羞的女子,或者一个外向的女子会被一个害羞的男子所吸引。这怎么解释?

亚伯拉罕：你所看到的任何事物，你所认识的任何人，都在发出振动信号，这些信号必须协调一致，才会产生互相吸引。即使互相吸引的两人所处的情况看上去截然相反，也必定存在一个占据主导优势的相似振动，以此为基础，他们才能互相吸引。这就是**法则**。所有人心中，既有因想要的事物而产生的振动，也有因缺乏想要的事物而产生的振动，他们之间的所有吸引力，肯定来自那些占据主导优势的振动。绝无例外。

我们在此说明一下什么叫**协调一致**。如果两件事物完全相同，那么各自的目标便无法全部满足。好比说，同行是冤家，一个想卖东西的人是不会吸引另一个卖家的。但是卖家却能够吸引买家，这就产生了**协调一致**。

害羞的男人爱慕外向的女人，是因为他的理想**目标**是变得更加外向，所以他实际上是在吸引体现自己理想目标的**对象**。

磁化的平底铁煎锅，它的本质是铁，会吸引同样由铁做成的物体（比如螺栓、铁钉或别的铁煎锅），但是却不能吸引用铜或者用铝做成的煎锅。

当你将收音机接收频率调至 FM98.7 时，你无法收听到发射频率为 AM630 的广播信号。信号频率必须一致才能正常收听。

宇宙的任何角落，都找不到任何振动的证据来支持相反相吸的概念。它们并非如此。

如果原本感觉很好的事物变得糟糕了怎么办

杰瑞：有些人看似最终得到了梦寐以求的东西，可是一旦到手之后，他们发现结果并没有想象中那么快乐，这时候该怎么办？这让他们很痛苦。

亚伯拉罕：一般情况下，若是目标还离得很远，人们往往会按照心目中所设想的方式接近目标。真正有效的做法是随时关注自己的渴望，不断调整思想振动，直到它与心目中真实的渴望协调一致——然后任由**吸引力法则**发挥作用，从宇宙中带来完美的匹配结果。然而人们往往并非如此，而是缺乏耐心地直接付诸行动，企图一蹴而就。他们在想法还没有调整到与内心渴望一致，就匆匆地采取了行动，因此所得的结果只是符合当前的想法，而不符合内心真正的渴望。

通过反复不断地调整想法，通常你会发现，你内心真正渴望的想法与你正在产生的思想振动之间，往往有着天壤之别。尽管如此，来到你身边的，无一例外都是你的思想振动所吸引的事物。

举个例子，某个女子刚刚结束一段糟糕的感情，她的伴侣曾对她进行谩骂和虐待。她并不想那样，也不喜欢那样。她根本就厌恶和那种人一起生活。她现在知道了什么是**不**想要的，因此开始思考什么是**想要**的事物。她想要有一个爱她的伴侣，对她温柔体贴，又能尊重她的意愿。但是，没有伴侣的日子让她很缺乏安全感，所以她想尽快找到新的伴侣。因此，她在以前常去的地方逗留，并认识了一些看起来不错的朋友。然而，她并没有意识到**吸引力法则**仍然发挥作用，为她匹配心中一直思考的事物。而现在，对伤害的恐惧在她心中仍然占据优势；上一段情感中受伤害的经历仍然活跃在她的思维里，比新近产生的想法要强烈得多。为了缓和内心的不安全感，在这种强烈愿望的驱动下，她不加思索就采取行动，一头闯入一段新的感情——从而受到更多的伤害。

我们希望她能够三思而后行，多花时间思考什么是真正想要的东西，让这些想法在内心占据优势。这样以后，才会让**吸引力法则**为她带来更好的新伴侣。

杰瑞：好，说得有理。怪不得我们过去常说，“凡事三思而后行”。

亚伯拉罕：这就是**创造性工作坊方法**的价值所在。进入**工作坊**训练状态后，要把**一切**美好的想象形象化，犹如展现在自己眼前；而当思索想要的事物时，任由自己的情绪流露出来；对其中真正感觉良好的事物持续保持关注，以此慢慢施加影响，这样就不会过分地坚守当初的想法。如此一来，你**真正**想要的事物就能逐渐成为心中占据优势的想法，当**吸引力法则**发挥作用后，你心中一直酝酿的想法与现实匹配起来时，你就不会感觉太意外。实际上，你马上就能辨认出思维里一直酝酿过的美妙想法（的表现形式）。

一切事物都是由思想构成的吗

杰瑞：是不是万事万物都是由思想构成的，或者利用思想构成的？还是并非如此？

亚伯拉罕：都是如此。在**吸引力法则**的力量作用下，一种思想能够被其他的思想所吸引。思想是一种振动，**吸引力法则**可以直接作用其上。思想是素材，或者等同于现实，同时它也是吸引或者创造一切事物的工具。

把你们的世界想象成一个厨房，里面储备了丰富的原料，在那里，每一种有可能需要的原料，只要是你能想到的，都极大丰富地存在，取之不尽，用之不竭；把你自己想象成厨师，原料则摆在厨房的储物架上，不限量供应，你想要多少拿多少，然后把它们全部搅拌在一起，随心所欲地创造出自己喜爱的美味佳肴。

我想要更多快乐、幸福与和谐

杰瑞:如果有人说:“亚伯拉罕,我想变得更快乐一点。我该如何用你们传授的内容,为我的生活吸引更多快乐、幸福与和谐呢?”你们会怎么回答?

亚伯拉罕:首先,我们要向他恭喜,因为他发现了一切之中最重要的渴望:**追求快乐**。在追求快乐的过程中,你不仅会与**内心世界**和真实自我完美融合,你还会得到所有想要的事物。

如果快乐真正成为你的头等大事,你不会让自己关注感觉不好的事物;只要仅仅思考感觉良好的想法,就会促使你创造出包含所有渴望事物的美妙生活。

如果你心怀快乐的渴望,又对自己的情绪敏感,那么积极地关注那些感觉越来越好的事物,以此改进你的思想振动,在**吸引力法则**的作用下,你的**吸引力焦点**就会仅仅吸引你想要的事物。

有意地引导思维是快乐生活的关键,然而渴望感受快乐更是重中之重……在接近快乐的过程中所产生的想法,必将吸引你渴望的精彩生活。

想要永远快乐会不会太自私了呢

杰瑞：有人说，一个人想要永远快乐，这是一种非常自私的想法。仿佛追求快乐是不对的。

亚伯拉罕：我们常常被指责传授自私，我们承认，当然要教育人们以自我为中心，因为除了从自我的角度感知生活之外，你无法从其他的角度感知生活。以自我为中心是对自我的感觉。它是你对自我所持有的印象。无论你关注自己还是关注别人，都是从自我的思想振动角度来关注一切，无论你感受到什么，都是你的**吸引力焦点**。

因此，如果从你的自我角度出发，将注意力集中在感觉良好的事物上，那么你的**吸引力焦点**也正是感觉良好的事物；在**吸引力法则**的作用下，一旦你所吸引的事物出现，必定让你非常满意。

相反，如果你不能做到以自我为中心，没有坚持把注意力集中在感觉良好的事物上，而是集中注意了一些感觉糟糕的事物，那么你的**吸引力焦点**也正是感觉糟糕的事物，你所进行的就是消极吸引——当它们出现后，你肯定不会满意。

只有充分地以自我为中心，关心自己的感受，才能建立起你与内心世界的真正联系，此外别无选择。

每个人都是以自我为中心的。再无其他的方式。

赠予与接受，哪种更有道德

杰瑞：那么，你们认为**赠予**与**接受**一样，同样是正当和快乐的。换句话说，你们并不认为它们在道德上有高下之分。

亚伯拉罕：在强大的**吸引力法则**作用下，无论你赠予别人什么——只要你发出思想振动——你同时也在接受别人的赠予……**吸引力法则总能精确地将事物整理分类并且带给每个人相应的思想产物**。因此，当你留意健康幸福时，你总能拥有健康幸福的生活。当你产生仇恨的思想时，**吸引力法则**不会给你带来友爱的结果。否则就违反了**法则**。

人们一般所说的赠予与接受，往往是指收送礼物或相关实际行动，但是**吸引力法则**并不是对你的言语和行为发挥吸引力，而是对这些言语和行为的基础——思想振动发挥作用。

比如说，你看到有人需要帮助。他们可能没有钱、缺少交通工具或需要食物。而当你看到他们的处境时，你心里感到很难过（因为你关注他们的缺失，激活了你内心的振动），在你难过的状态下，产生了为他们捐赠钱财或食物的想法。你所传达的思想振动实际上就如同对他们说：“**我这样做，是因为我认为你们无力养活自己。**”你的思想振动实际上关注了他们对健康幸福的**缺失**，因此，即使你通过行动给他们提供了钱财或者食物，**你真正导致的却是维持他们的缺失状态。**

我们希望你想象着他们的情况已经好转，这样更有帮助。在脑海中想象他们的成功或者幸福，一旦成功与幸福成为你对他们所持有的主导思想振动后，再根据你现在所感受的任何启示,采取新的行动。在这种情况下,由于你产生了积极的思想振动,当你将这些振动作为注意的对象时,你将引发他们对于健康幸福的一致振动。换而言之,你将使他们振作起来。你将协助他们发出与健康幸福的愿望一致的振动,而不是与他们现在的悲惨遭遇一致的振动。在我们看来,只有这种**赠予**才有意义。

所以问题并不在于"赠予与接受,哪种更重要?"而应该是"关注**想要的事物**与关注**不想要的事物**,哪种更重要?""相信他们的成功而使他们振奋起来,与关注他们的现状而增强他们的挫败感,哪种更重要?""保持与**内心世界**的一致然后采取行动,和切断与内心世界的交流然后采取行动,哪种更重要?""促成某人的成功与导致某人的失败,哪种更重要?"

你所能赠予别人的最好礼物,就是期望他们一定成功。

就像有千姿百态的生命和个体一样,也同时存在着千变万化的个人世界。你们来到世界,并不是为了创造千篇一律的个人生活——相同的愿望,相同的结果。你们来此生活是为了成为自己想要成为的人,接纳所有人完成他们各自想要成为的状态。

如果每个人都得到想要的一切,那会如何

杰瑞:让我在此假设魔鬼鼓吹的宣言成为现实:如果这个星球上每一个自私的生命都将得到各自想要的一切,这个世界该是怎样的一片混乱?

亚伯拉罕:那种情况下也不会有多么可怕,一点儿也不会"一片混乱"。因为,在**吸引力法则**作用下,人们将吸引与**他们**

的意图协调一致的事物。你也知道，你们所生活的地方是个稳定平衡的世界。在这个宽广而神奇的“厨房”里，它提供了丰富多样、比例合适的原料，你们可以尽情创造。

我该如何帮助正在受苦的人

杰瑞：我的生活过得愉快而灿烂，但是周围的人们仍然忍受着极度的痛苦。为了减轻**每个人**所经历的痛苦，我要为他们做些什么？

亚伯拉罕：你不能创造别人的生活经历，因为你无法代替别人思考……正是由于他们思考的想法、言语和行为与**内心**真正愿望不相一致，才使他们产生了极度痛苦的情绪体验。**他们留意自己不想要的事物，因而产生了极度的痛苦。**

如果你想为他们做点什么，那就树立一个快乐的榜样吧。做一个专心**思考**自己想要事物的人；一心一意地**谈论**自己想要的事物；一心一意地**做**自己想要做的事——让自己的快乐情绪尽情流淌。

杰瑞：这倒没问题。我可以集中关注自己想要的，关注快乐，我也可以学会接纳，接纳别人拥有亲手创造任何生活的权利。如果我关注他们的痛苦，那么我将在自己的生活中创造痛苦；然后我将会树立**痛苦**的榜样——痛苦经历的榜样。是这样说的吗？

亚伯拉罕：是的。比如说有受苦的人出现在你的生活之中，你看到他们的痛苦处境后，一种发自内心的愿望涌现出来，你希望他们能够找到走出困境之路，那么，他们的痛苦便与你擦肩而过，因为你迅速将愿望确定在快乐的解决方式之上。**此后，如果你强烈地关注他们成功走出困境的方式，你将感受不到真正的痛苦，而且你将帮助他们产生真正的解决方案。这才是真正的精神激励。然而，如果你只注意他们的痛苦，或注意产生痛苦的根源，你将激活心中与此一致的思想振动，那么你也会开始感受痛苦，因为你也开始吸引不想要的事物了。**

树立快乐的榜样就能解决问题吗

杰瑞：让自己快乐就能解决问题吗？树立快乐的榜样，接纳他人——**真正地接纳他人**——无论别人如何选择，让他们拥有自己选择的任何经历，这就可以解决问题了吗？

亚伯拉罕：除了接纳他人拥有各自所吸引的生活之外，你其实是别无选择的，因为你不能代替别人思考——因此也不能代替他们进行吸引。

真正的**接纳**是无论别人在做什么，尽力维持你现有的平衡，保持快乐的心情。因此，你只要保持现有的平衡心态，与你的**内心世界**保持联系，与宇宙中美妙而孕育生命的能量协调一致，他们在你的积极关注下，就能获得最大的帮助。当你把别人作为关注对象时，你越感觉良好，你对别人的积极影响力就越大。

接纳别人成为、做出或者拥有任何想要的（或不想要的）事物，当你达到这种境界时，你会发现，无论别人做什么，你都不会为此产生消极情绪。**当你成为一个接纳者后，你观察到的任何经历都不会影响你的快乐心情。**

现在，通过解答你的提问，我们圆满地解释了三条非常重要的**法则**。

吸引力法则响应着思想产生的振动。

只要你选择一些感觉良好的想法，有意地进行思考，你就能与**内心世界**融合在一起，与真实的你融合在一起。融为一体之后，任何被你视为关注对象的人都会得到益处。当然，这所有的一切，都会让你感到快乐。

不久以后，你可以非常清晰地感受自身的情绪变化，可以无牵无挂地**专心**思考，心里所想的都是积极正面的事情。只有这样以后，你才能轻易地接纳别人，任由别人以各自选择的方式进行创造。**只要你明白，不想要的事物决不会自作主张地进入你的生活，是你自己通过思想把一切邀请过来的。那么，别人的选择就不会对你造成威胁，即便他们离你很近——因为他们无法进入你的生活。**

我能思考着消极事物同时感受积极情绪吗

杰瑞：那么，我们如何才能关注或思考着消极的事物，同时不产生消极的情绪反应呢？

亚伯拉罕：不能。你最好不要这样尝试。换而言之，说**永远不要**产生消极情绪相当于说："我不要拥有**指导系统**。我不想理会**情绪指导系统**。"而那与我们所说的相反。我们想要你意识到情绪变化，然后引导自己的思想，直至感觉轻松。

当你集中注意轻微的消极想法时，你会感受到轻微的（不想要的）消极情绪。如果你对自己的情绪感受很敏感，并且想要情绪变得更好一些，那么你就会去改变想法。当想法还很微弱,情绪也只有苗头之时,改变起来是很容易的。当想法变得强大,并因此产生强烈的情绪之后,改变起来就困难得多了。通过**吸引力法则**积聚的想法总量越多,情绪的强度也会成比例增强。关注的时间越长,想法也会变得越强烈。但是,如果你对情绪很敏感,只要迅速地从你不想要的主题上撤回注意力,你的感觉就会好受一些,同时停止对不想要的事物的吸引。

提升健康幸福状态的自我暗示有哪些

杰瑞:你能不能提供一些自我暗示的语句,帮助我们吸引各种事物,比如完美的健康等?

亚伯拉罕:我想要拥有完美的健康!我喜欢良好的感觉。我的身体感觉良好。我的身体拥有许多美好的回忆。我看到很多人身体都很健康;显而易见,能够拥有健康的身体,他们是多么幸福啊。当我思考着这些想法时,我感觉很好。这些想法与一个健康的身体和谐一致。

杰瑞:关于完美的财富成就有哪些自我暗示呢?

亚伯拉罕:我想要拥有财富成就!这个美妙的世界里,到处蕴藏着无穷无尽的资源,可以随时取用,财富成就向我敞开了大门。因为吸引力法则响应着我的想法,所以我决定关注财富和成就;我很明白,或早或晚,我的财富想法将会为我带来真正的财富成就,这只是一个时间问题。既然吸引力法则将为我带来注意的对象,那么我选择关注财富和成就。

杰瑞:那么良好的人际关系呢?

亚伯拉罕:我想要良好的人际关系。我喜欢快乐、聪明、有

趣、精力充沛和催人上进的朋友，我也知道世界上肯定有一大批这样的人存在。我已经认识了许多有趣的朋友，我很欣赏在他们身上所散发的迷人气质。看起来，我越欣赏别人，我就越能认识更多类似的人们。我们并肩作战，共同创造出精妙绝伦的奇迹。

杰瑞：关于积极的超现实体验有什么说法呢？

亚伯拉罕：我想吸引与我协调一致的人，无论现实世界或超现实世界的都可以。我对吸引力法则着迷了，我很高兴地认识到：当我感觉良好时，我只能吸引感觉良好的事物。超现实世界的基础就是纯粹、积极的能量，对此我很赞同。我很喜欢使用情绪指导系统，这样我就能与那种本质能量相遇了。

杰瑞：还有持续而快乐的成长呢？

亚伯拉罕：我是一个渴望成长的人，成长不仅仅是自然而然的，而且是不可避免的，能够重新回忆起这种认识，真让我喜出望外。快乐只是一个简单的选择，对此我很乐于接受。既然我的成长无可避免，我选择完全拥有——快乐地拥有它们。

杰瑞：这样就能够吸引这些事物吗？

亚伯拉罕：自我暗示并不会把你诉求的事物立马显现出来，但是，只要你说的次数越多，诉说的时候感觉越良好，你的思想振动就会变得越纯粹，自相矛盾之处就越少。很快，你的世界将涌现大量你所诉说的内容……**自我暗示的言语本身不能产生吸引，只有当你诉说时感受到积极情绪，才表明你的思想振动是强烈的——而吸引力法则一定会回应这些思想振动。**

评价我们成功的标准是什么

杰瑞：你们认为如何才算成功？**成功**的标准是什么？

亚伯拉罕：完成任何渴望的事情都可以被认为获得成功，无论是奖品、金钱、情感或其他事物。但是，如果你把成功标准设定为获取快乐，那么其他的任何事物都会依次轻易实现。在追求快乐的过程中，你会发现它与宇宙能量的振动协调一致。

当你集中关注某些不想要的事物，或者想要的事物的缺乏时，你不可能感受到快乐。因此，当你感受到快乐时，你不可能处于相反的振动状态之中。只有你思想振动的内部自相矛盾，才会使你远离渴望的事物。

现实世界往往令人好笑。我们看到的大多数人，一生的大部分时间都浪费在寻找一系列规则，用它来衡量自己的生活；同时，又把判断是非曲直的标准付诸身外；而他们内心拥有的**指导系统**一直如影随形，如此复杂精密，如此包罗万象，如此精确严谨，如此唾手可得；为什么大多数人反而视而不见呢？

通过对**情绪指导系统**的关注，找到最佳情绪体验的想法，在你广博的内心世界帮助下，真正接纳你想要的事物。

随着你深入研究现实世界产生的巨大差异，清醒地意识到自己的情绪感受，有意地思考感觉越来越好的事物，不久，你将开始通过更广阔的**内心世界**的眼光来看待生活。当你还是超现实世界的存在时，你为自己选择了这个美妙的身体，进入了这个现实世界；而你现在所做的一切，正符合了超现实视角的看法，你该为自己顺着以前所选择的道路前进而感到满意。因为，从你超现实世界的观点看来，你身上有着永远进步的天性，在现实环境形成的鲜明对比下，你一定会想起所需遵守的约定——探索思想的前沿领域。你能理解伟大的指导系统的本质，并且在不断的练习后，你能够用**内心世界**的眼光看待世界。你能理解强大的**吸引力法则**，当它响应所有创造者的自由意志时，你就会明白它的公正和精确。

只要关注给你带来最佳情绪体验的想法，你就能与内心世界重新融合。而当你明白了内心的渴望、生命的热情和**完整的自我**时，你肯定会欣喜若狂，激动得全身颤抖！

第三部分
有意创造的科学

有意创造的科学:详细定义

杰瑞:亚伯拉罕,你们曾经提到过**有意创造的科学**。现在,能不能再给我们详细解释**有意创造**的具体含意以及它所发挥的作用?

亚伯拉罕:首先,我们假定你们想要进行的创造都是有目标的,所以称之为**有意创造的科学**。然而,实际上它更适合称为**创造的法则**,因为无论你在思考着想要的事物还是不想要的事物,它都能够发挥作用,是通用的法则。无论你正在思考真正想要的事物,还是在思考你想要的事物的落空(思想的方向取决于你的选择),**创造的法则**对你所思考的任何事物都会施加影响。

从现实世界的角度来看,完成创造的必要条件,需要同时满足两个重要的组成部分:想法的产生和想法的预期结果——也就是对创造过程的**渴望**和对创造结果的**接纳**。在超现实世界里,我们是同时完成创造的两个部分的。因为,我们所渴望的事物,就是我们完全接纳的事物。

大部分人类都没有意识到思想的力量、思想的振动本质或者强大的**吸引力法则**,因此他们完全依赖**行动**,认为行动才能产生一切事物。我们承认,虽然行动的确是你们所关注的现实世界的重要组成部分,但是,行动未必就能使你们创造出现实生活的一切。

只要你理解了思想的力量，尝试有意提出自己的想法，你就会发现，只有**渴望**与**接纳**才是产生创造结果的源动力。如果你凡事预先做好铺垫，或者对预期结果进行积极思考，那么不必要的行动就会大大减少，行动的效果也会更加令人满意。如果你没有先调整好自己的思想，即使通过大量的行动完成了目标，结果也往往未必令人满意。

你们的医院总是人满为患，一大群人希望通过治疗行动，来弥补以前不恰当的思想所造成的后果。人们并非有意患上疾病，但他们的疾病却是自己一手造成的——通过思考和预期——患病之后就去医院接受治疗，希望对此进行弥补。还有，当今社会，要想获得生活的自由，钱财是必不可少的，所以许多人整日忙着赚钱，用尽一切手段疯狂地赚钱。然而，在多数情况下，赚钱的过程并没有产生真正的快乐。人们只是希望用赚钱的方式，对已经失调的思想进行补偿。

你可以在实际行动之前妥善安排计划，这是现实世界的妙处之一。然而，并非实际行动本身能够创造一切——而是你的思想创造一切，你的身体行动只不过享受了思想的创造成果。

当你预先提出希望并为此产生积极情绪时，你就已经开启创造的大门；而当你在想象的世界中穿越时空，描绘未来出现的事物，期待它即将发生的那一刻时，**你已经沉浸在未来世界的快乐创造之中，你必定会因此受到启发，并在随后采取快乐的行动。**

如果你不加思索就盲目采取行动，而行动中却毫无快乐可言，那么我们可以负责任地告诉你，它一定不会带来快乐的结局。它做不到，因为违反了**法则**。

为了创造想要的事物，与其急不可待地采取行动，不如听从我们的建议，把目标**想象**成已经存在的事物：**感受**它们的存在，让它们**形象化**，**预期**它们的产生——然后**目标就会实现**。接下来，你会接受指导，或者受到启发，或者自动产生完美的行动，走向你所追求的事物……然而，我们所说的方法，与世界上大多数人处理问题的方式大相径庭。

我通过留意而邀请它

通常情况下，我们推行**有意创造性方法**的内容时，往往遭遇不小阻力，因为每个人的生活经历中都有他们不想要的事物。尤其当我们说“生活中所有的一切都是你自己邀请而来的”时，他们强烈反对，并且说：“亚伯拉罕，我不可能请它来，我根本不想要它！”

因此，我们急切想要普及正确知识，帮助你们理解到底是如何**获得**现有的一切。如此一来，你们在吸引事物时注意力会更加集中，**目标清晰地**吸引**真正**想要的事物——同时，还可以避免吸引不想要的事物。

我们知道你并非有意邀请、吸引或者创造不想要的事物。但我们仍然要说，你就是它的邀请者、吸引者和创造者……因为你通过对它的关注而完成这一切。在不知不觉的状态下，你**自动地**提出了自己的想法，而你却不知道**吸引力法则**会对此进行响应，以致产生你无法理解的后果。所以，我们出现在此，就是要把**万能法则**告诉你，希望你正确理解**如何**获得现有的一切事物，明白之后，你就知道如何取得对生活的**有意**支配。

大多数人已经完全融入了现实世界，他们很少清醒地意识到自己与超现实世界的联系。举个例子，若你想要照亮自己的卧室，你就得去摸索床边的灯，打开一个小开关，然后看着灯光洒满房间。于是你对其他人解释说："这个开关带来了光亮。"无须我们过多解释你就会明白，灯光的来源远非故事里所说的那么简单。可以说，在特定现实环境下你经历的所有过程，与此都有一定关系。而你只是解释了导致事情发生的一小部分原因。我们在此将为你提供更多的解释。

你们带着宏图大志，从抽象的超现实世界融入了现实世界。你们之所以来到这里，是因为你们渴望体验这段现实生活。如此这般体验生活已不是你们的第一次。正如你们无数次超现实世界的生活经历一样，你们也拥有无数次现实世界的生活经历。你们渴望充实真实的自我，渴望充实不断发展进化的内心世界——通过你们现在的身体所展现的内心世界，通过可能还未知晓的身体感觉所展现的内心世界，渴望充实那个知识渊博、扩展迅速、寻求成长、追求快乐和不断进化的内心**自我**，所以你们融入了这个世界。

我的内心世界正在与我交流

我们会帮助你进行回忆，让你明白自己是生活的创造者，而且，能够有意地成为创造者是件充满快乐的事情。我们还会帮助你回忆起与超现实世界的自我之间以及与你的**内心世界**之间的关系。你的**内心世界**知道你的存在，而且与你共同面对你所做的一切。

进入现实世界之前的生活经历细节,已经为你完全抹去,不再留下任何回忆,但是你的**内心世界**完全洞悉你的所有经历;并且,它不断地为你提供参考,让你每一时刻都尽可能以最快乐的方式生活。

融入现在的生活之后,你已经失去以前生活的所有记忆,因为这些细节只会分散你现在的精力。尽管如此,由于你和**内心世界**之间的联系,你可以间接了解你的内心世界或者**完整的你**。**超现实世界中那个知识渊博的你正在与你交流,并且从你刚刚融入这个现实世界时就已经开始。这种交流有许多种表现形式——然而,你们经常通过情绪流露的方式进行交流,因为这是你们所有人都有能力接收的基本交流方式。**

每一种情绪要么感觉良好,要么感觉糟糕

每一种情绪感受,毫无例外,都是你与**内心世界**交流的结果;它提醒你现在所想、所说或所做的事情是否合适。换而言之,只要你**思考**着不合整体目标的想法,你的**内心世界**就会产生消极情绪。当你的**做法**或者**说法**违背了真实自我,或者与内心想要的事物不相一致时,你的**内心世界**也会产生消极情绪。同样道理,如果你的想法、说法或行为与你的本意协调一致,那么你的**内心世界**将会产生**积极**情绪。

世上只有两种情绪:其中一种感觉良好,另外一种感觉糟糕。你可以根据情绪发生时的具体情况,以不同方式为它们命名。内心的**情绪指导系统**一直是以无比深广、包容一切的视角

与你交流,明白这点以后,你才会理解所有既定目标可以为你带来什么好处,你融入现实世界之前定下的全部计划可以为你带来什么好处;并且,你有能力综合考虑**所有**渴望和信念的细节,从大局出发,在任何时刻做出最合适的决定。

我可以信赖内心的指导

许多人把自己的直觉指导丢在一旁，奉父母、老师、专家或者领导的看法为准则，以此作为生活的原则。然而，你越依赖别人的指导，就越背离了自己的正确意见。因此，我们开始提醒现实世界的朋友们，发掘真实的自我，重新建立与内心**指导系统**的联系，然而他们往往犹豫不决。他们相信“旁观者清”，也许其他人比自己更清楚什么东西适合自己，他们认定自己毫无价值，一无是处；因此害怕作出自己的决定，无法信赖自己的指导或者内心直觉。

好吧，既然你们无法认清自身蕴含的巨大价值和强大力量，我们不得不帮助你们回忆，认清你来到这个现实世界的目标。你们一定要明白，你们来此是为了探索这个奇妙环境的差异，在了解这点之后，你将会产生一系列全新的目标；你一定要明白，真实的你——你的**内心世界**、**完整的你**或者**本质的你**——非常乐于接受随之而来的成长过程。你一定要明白，只要时刻关注情绪感受，你就能够清楚地判断自己与内心世界的关系——是在用内心世界的眼光看待周围的环境，还是在切断与内心**本质**的联系。换而言之，如果你感受到爱心，那么表明你的思考方式与**内心世界**相同。如果你感受到厌恶，那么你的思考方式脱离了内心联系。

你的直觉思维本来早已领悟了一切，尤其是在你年龄还很小的时候。但是，慢慢地，随着周围成年人或者自作聪明者坚持不懈的说教，大多数人被磨去棱角，他们竭尽全力使你相信，“冲动便是魔鬼”。

因此，**现实世界的很多人都无法信赖自己的直觉，这让我们感觉太奇怪了，因为从你内心所涌现出来的，可能就是你所能够信赖的全部所在。**但是刚好相反，你们的生活时光大量地花费在寻找一系列规则或一群人（比如你所参与的宗教或政治团体），希望他们告诉你什么是对的，什么是错的。紧接着，你的余生都消磨在努力将“方木棍”生生敲进“圆孔”之中，固守着一些**古老**的规则——通常是你所处时代的前几千年就写好的规则——努力将它融入现在的**新**生活。结果，我们看到最多的情况，就是你们产生挫败；最好的结局下，你们只感到困惑。我们还注意到，为讨论谁的规则最合适，你们争得面红耳赤，甚至每年有大批人员为此丧生。我们只想说：**那种面面俱到的、无所不包的、永恒不变的僵化教条并不存在——因为你们永远追求变化、追求发展。**

如果你的房子着火了，消防员开着消防水车——那种装备精良的泵车，配有大大长长的水管，可以喷射高压水流——用水喷洒你的房间并浇灭火焰，你可以说，“这肯定是最合适的行为了。”但是，如果房子并没有起火，这些相同的消防员带着相同的水管进入你的房间到处喷洒，你就会说，“这肯定**不**合适！”

这正如你们世代流传的规则：**过去的大多数法则与规则都与你们现在的生活不相适应了。如果缺乏有意的发展目标，你**

们就不会出现在这个现实世界了。因为你想对事物产生进一步的了解,所以出现于此,成为一个正在成长的、永远变化的、追求发展的人。而且,你想要充实对一切事物本质的理解……如果这个很早以前就已解决的事物就是终极根本,那么今天你就没有必要存在了。

我是如何获得现在的一切

首先,大多数人渴望支配自己的生活经历,所以我们所坚持的——你是自身现实的创造者——被人们愉快地接受了。但是,生活中的每件事物都是自己吸引而来的(**无论想要的事物还是不想要的事物,你都会获得自己思考的内容**),关于这一点,有些人可能认为——时时监督自己的想法,对它们进行整理分类,关注其中想要的事物——这是一个不可能完成的任务,并为此感到不安。

我们并不鼓励对思想进行监督,一致认为这样太耗费时间而且徒劳无功。但是,我们建议清醒地利用**情绪指导系统**。

如果你能注意自己的情绪感受,那么思想监督就没有必要。无论何时,只要你感觉良好,你就知道在此时此刻,你的谈话、思考或行动与你的目标一致——无论何时,只要你感觉糟糕,你就知道并没有与目标保持协调一致。简而言之,无论何时,只要你内心出现消极情绪,此时此刻你肯定是在思想、言语或者行动上,进行了错误地创造。

因此,对你想要的事物更专注一些,对你的目标更明确一些,同时对你的情绪感受更敏感一些。从本质上讲,这三者的结

合就是有意创造过程的全部内容。

我是生活经历的惟一创造者

现在，我们讨论的焦点集中在一个常见的难题，经常有人提出："亚伯拉罕，我如何得知，从内心流露的情绪就一定值得信赖呢？是不是有更强大的人，他制定一切规则，希望我成为特定的人物，或者要我做些特定的事情？"我们要说，你是自己生活经历的创造者，你融入现实世界是由于自己的渴望。你来此并不是为了证明自己是个不凡的人物，不是要在另一个世界寻找伟大的救赎。你来此，只是因为你怀有一个特定的目标。你想成为**有意的创造者**，并且选择了这个存在着时间和空间的现实世界；如此一来，你就可以精细地调整自己的思考，接纳思想创造出来的任何事物，任其展现在现实经历之中，亲眼目睹它们带来的好处。你充实了宇宙的发展，**一切万物**通过你的经历和成长，从你的存在中获益。

你所做的一切，都能取悦于你想取悦的事物。并没有一定正确或者一定错误的事物存在——只有要么符合你的真实意图的事物和要么不符合你真实意图的事物。你可以信赖内心涌现的指导，它提醒你是否时刻与自然的健康幸福状态保持一致。

从磁力角度看，我能吸引振动一致的思想

吸引力法则在生活中留下许多明显的事例。由于你们对**法则**的有限理解，你们创造了许多名言警句。比如："物以类聚，

人以群分。”比如：“屋漏偏逢连夜雨，船迟又遇打头风。”又比如：“一个糟糕的开端导致一个更糟糕的结局。”但是，你们只是嘴里说说而已，大部分人心里并没有真正理解**吸引力法则**的强大之处。相似的人们因为这条法则而互相吸引。每一种事件、每一种处境都是它一手造成的……彼此类似的思想振动通过**吸引力法则**如有磁力一般地相互吸引；情感共鸣的人们通过**法则**如有磁力一般地互相吸引。的确如此，你所思考的特定想法都能够产生吸引，曾经渺小的、微不足道的或者并不强烈的想法可能——在你的关注下——变为非常强烈。

由于吸引力法则，每个人都像一块产生强大引力的磁体，任何时刻都能在情绪作用下吸引更多事物。

当我们思考与谈话时，我们正在进行创造

没有外人能创造你的人生经历。一切都是你一力完成，全部功劳尽归于你。当你观察自己的生活以及周围人群的生活时，你要明白，没有一丁点儿证据与我们阐述的强大**法则**相违背。如果你开始注意到自己曾经的所思所言，以及你现在所经历的一切，你会发现它们之间完全的对应关系，那么你对**吸引力法则**的理解将会更加深刻，你会更强烈地渴望使用**指导系统**，更专注地引导自己的思想。当然，你也会对周围人群的生活产生更深刻的理解。（实际上，与别人交往时更容易明白这点。）

你有没有注意到：谈论疾病越频繁的人，患上越来越多的疾病；谈论贫穷的人，往往生活在贫穷之中；而谈论财富的人，往往拥有财富。思想是有磁力的，而你的有意思考会产生越来越大

的力量，直到最终思想的主题变成你的生活经历；只要你愿意接受情绪感受的指导，你就能更加专注地选择思维的方向。

当你和别人交谈时，**吸引力法则**发挥的作用就更明显了。想象一下，你的朋友正在谈论亲身经历的一件事情，而你作为好朋友，当然得全神贯注地听她说话，聆听她所举出的例子。随着你关注的时间越长，你自身经历的相似事例也翩然浮现在自己的脑海。随后，你把自身的类似经历加入讨论之中，思想的共鸣变得强烈无比。对这些主题的强烈关注，以及大量谈论你所经历的事情，将会为你带来更多类似的经历。而随着不想要的想法越来越多地涌现，你最终发现自己被卷入不想要的想法、言语和经历的包围之中。（你和朋友最终会有更多不愉快的事情可讨论了。）

既然如此，我们不如换一种方式。如果你的情绪感受很敏锐，那么当谈话开始倾向你不想要的事物时，你就会感觉心口很不舒服。你想必已经认出自己的内心**指导**，它告诉你，**你正在思考和讨论不想要的事物**。而这个警报——“报警”的原因，就是你内心真正渴望的事物，与你现在所关注的事物之间不可调和。你的情绪表明了你的失调。你的**指导**正在提醒你注意以下事实：当你思考和谈论不想要的事物时，你是一块能够吸引类似情境和事件的磁体，并且很快地，那些**不**想要的事物就会出现在你的生活之中。

同样，如果你正谈论着**真正**想要的事物，你的想法将会吸引更多**类似的事物**。你会吸引更多类似想法的人，他们愿意与你讨论你**真正**想要的事物。如果你一直谈论着**真正**想要的事物，你的**内心世界**就会流露积极的情绪，你就知道正在吸引和谐一致的事物,你所持有的目标,在本质上与你协调一致。

渴望与接纳之间的精妙平衡

有意创造的科学是一条精妙平衡的**法则**,它有两个部分:一方面,是对你想要事物的渴望;另一方面,是对思想所创造结果的预期、信念或者接纳。

因此,如果你说"我想要一辆全新的红色小汽车",那么在思想的作用下,你已经启动了红色小汽车的创造。你对这个想法关注越多,越能产生纯粹的想象,仿佛红色小汽车已经出现在生活之中,而你对此更加兴奋不已。一旦你兴奋不已,或者红色小汽车的想法让你感受到强烈的积极情绪,这辆车就会迅速地出现在你的身边。一旦你在思想上创造了它,又为此感受到强烈的积极情绪,它一定会更快地出现。它已经创造出来,它就在那里,想要拥有它,你只需要**接纳**它。通过你的预期,你的信念,顺其自然地,你便接纳了它。

如果你怀疑自己拥有全新红色小汽车的经济实力,你就抑制了自己的创造。如果你说"我想要一辆全新的红色小汽车",你就启动了创造,而如果你接着说"**但是**它太贵了",你就远离了自己的创造。换而言之,你通过渴望完成了创造的第一步,但是却对此不相信、不预期、也不**接纳**,因此妨碍了你对渴望的事物的创造——为了让你的创造成为现实,两个过程缺一不可。

如果你只是讨论创造的主题,这并不意味着你接纳它。当你思考着全新红色小汽车并为此感到兴奋时,你才算真正地接纳它。但是,如果你思考着全新红色小汽车,却发愁无法得到它

(或因为它还未出现而沮丧),那么你实际上只关注了这辆车的**缺失**,你并没有接纳它进入自己的生活。

在创造的初始阶段,如果你为此感到兴奋,并且积极地盼望创造的成果,那么创造即将成为现实。但是,如果你把愿望告诉别人,而别人却告诉你它**不能**实现或者**不应该**实现,并向你解释种种无法实现的原因,结果就真的难以实现了。朋友的消极影响对你毫无帮助,因为你所关注**愿望的本质特点**,正是你的吸引力焦点;由于你正在关注**愿望的落空**,你就把想要的事物推开了。

感觉如何,良好还是糟糕

因此,当你说:"我想要一辆全新的红色小汽车,我知道它正在向我走来。"这就对了。如果你接着说:"**但是**它在哪儿?我期待它已经好久了。我相信亚伯拉罕,**但是**我想要的事物没有出现。"那么你并没有关注所想要的事物。你现在关注的是事物的**缺失**,并且在**吸引力法则**作用下,你正在面对所关注事物的缺失。

只要你积极关注任何想要的事物,你就能吸引任何想要的事物。如果你关注想要事物的缺失状态,你将吸引更多的缺失(每一个主题都有两个方面:愿望的实现或者落空)。如果你注意自己的情绪感受,就能知道自己正在关注愿望的实现还是关注愿望的落空——因为当你想起渴望的事物时,你会感觉良好;而当你想起愿望的落空时,你会感觉糟糕。

当你说,"我想要变得有钱,让我的生活更加自由"。那么你正在吸引财富。但是,若你只想到渴望的事物还未出现,关注缺失——那么你正在排斥富裕。

有助于有意创造的训练

以下有一个训练,可以帮助你进行**有意创造**:

拿出三张单独的纸片,在每一张纸的抬头写下一件你想要的事物。拿起第一张,在你所写主题下面继续写道:"这些是我想要这件事物的原因……"写下你脑海中出现的任何想法——写下自然流露的任何想法,不要勉强。直到没有更多的想法出现时,你就完成了。

接着,把这张纸片翻过来,在反面的抬头写道:"这些是我相信自己会拥有这件事物的原因……"

纸片的正面强化了你想要的事物(**有意创造**过程的第一步)。纸片的反面强化了你拥有它的信念(**有意创造**过程的第二步)。因为你已经成功地完成了正反两面的**创造性过程**,你已经对过程的两个步骤进行了关注,并且激活了内心的振动,所以你现在处于接收事物的状态之中。你现在只需要渴望它——持续地盼望直到你拥有它——它就是你的了。

怀着对目标的渴望同时拥有完成目标的预期,这并不困难,所以你可以同时进行多个事物的创造,数量没有限制。然而,同时处理的事情越多,你看到所有还未完成的事情时,暗中混入怀疑的可能性就越大;在刚开始阶段,当你还在练习关注自己的思想时,集中精力同时关注两到三个愿望就可以了,这对你很有帮助。训练的次数越多,你就能越快地集中思想,最终,你可以不受限制地进行多个事物的创造。

在现实生活中目标实现之前，你首先必须对它予以关注。你的思想是一种邀请，如果没有这种邀请，事物就不会出现。我们鼓励**有意地**决定自己想要的事物，然后**有意地**关注这些想要的事物，同时**有意地**忽视不想要的事物。不但如此，我们还鼓励你每天留出一定的时间，**有意地**将自己的思想整理起来，形成对你理想生活的想象；这些就是**有意创造工作坊**的训练内容。

引起强烈情绪的思想能更快地呈现

我们已经说过，思想是有磁性的。但是，我们还想再增加一点额外说明：**尽管每种想法都有创造的潜能，但那些不能带来强大情绪体验的想法，是无法将你思考的主题迅速实现的。只要你思考的想法能够产生强烈的情绪——无论它是积极情绪还是消极情绪——这些想法的本质特点都会在你的生活中迅速地呈现。而你的情绪体验就是你与内心世界的交流，让你知道自己正在接近宇宙的力量。**

如果你去看一场恐怖电影，你和朋友坐在电影院，感受着银幕中的画面和声音渲染出来的所有可怕细节，那么此时你正处于**消极的工作坊训练**中。因为，当你幻想着所有**不**想看见的事物时，**内心**流露的恐惧情绪正在发出警报：“**你所感受的事物是如此生动逼真，整个宇宙都在为它提供力量**”。

幸运的是，当你离开电影院后，你通常会说：“这只是一场电影而已。”你并没有**预期**它会发生。你不**相信**它会发生在你身上，所以没有完成创造的第二部分。你带着情绪关注它，这就已经将它创造出来，但是，你没有真正**预期**它的出现，因而没有接纳它进入你的生活。尽管如此，当你走出电影院后，如果朋友对你说："也许这只是一场电影，但是它曾经发生在**我身上**。"然后，你开始仔细考虑**这种**想法，一旦这样做，你可能产生"说不定也会发生在我自己身上"的**信念**或**预期**，结果它就真的实现了。**留意，是一方面；预期或相信，是另一方面；这两方面的平衡为你带来一切经历。**

如果你想要它并且相信它会发生，它很快就会变成你的经历。然而，你的渴望与信念，两者之间未必能达到平衡。有时候你渴望的想法非常强烈，但是你的信念根本没有达到相应程度。比如，有一位妈妈，她的孩子卡在了汽车底下，她并不**相信**自己能够搬动那辆压在孩子身上的沉重汽车，但是她**想要搬动汽车**的愿望极度强烈，结果她做到了。从另一个角度看，有时候虽然你的信念非常强烈，但是你的愿望并非如此，这样的例子也有很多。像疾病的创造，比如癌症，正是这种例子：你认为是人总要得病的，这种**信念**非常强烈，但你并不**想要**患病。

一天之中，人们经常处于消极的**工作坊**之中。比如你坐在办公桌前，边上放着一堆欠费账单，你正为没有足够的钱来付账而感到紧张甚至害怕，那么你就处于消极的**工作坊**之中。因为，当你坐在这里，思考着缺少足够的资金时，你完美地诠释了什么是创造更多**不**想要的事物。你的**情绪体验**来自**内心世界**，它提醒你，你所思考的内容与你所想要的事物并不协调。

有意创造过程的总结

为便于作出清楚而明确的规划，有意支配自己的生活经历，我们现在概括一下**有意创造过程**的所有内容：首先，除了现实世界的身体之外，你还有更多的未知内容；其次，有一个更渊博、更睿智和更年长的你，也就是你的内心世界，它能记得所有你曾经生活的经历，更重要的是，它理解你现在的状态。并且，你所做、所说或者所想的内容，或你**即将**要做、**即将**要说的内容，你的内心世界都能提供清楚而绝对的指导。

为了给你带来绝对的指导，你的**指导系统**需要综合所有的信息——收集你**所有的**个人经历（所有的愿望、所有的意图、所有的信念）——并与你现在的行为或即将发生的行为进行比较；如果你此时清楚地提出自己的目标，那么你的**指导系统**就能更有效地发挥作用。

那么，在你每天的生活中，要对自己的情绪体验保持敏感。无论何时，一旦发现自己正感受到消极情绪，停下给你带来消极情绪的一切事情；因为这种消极情绪，意味着此时此刻你正在进行消极的创造。**消极情绪只有当你进行错误的创造时才会存在。因此，只要你体验到消极情绪——无论什么原因，无论它是如何出现的，无论当时情况如何——停下你正在做的任何事情，然后把思想集中在一些感觉良好的事物上。**

找个清静的地方，每天花十五到二十分钟，安静地坐下来，进行**有意创造过程**的练习：对完美的生活进行想象，把自己视为理想的状态，幻想自己周围充满令人满意的事物。

关注现状只能创造更多的现状

吸引力法则能够对**你**积极响应，响应你的**吸引力焦点**——而**吸引力焦点**是由你的思想决定的。你的**情绪感受**也是由你的思想引起的。所以你的**情绪感受**就代表你强而有力的磁性**吸引力焦点**。当你**感觉**贫穷时，你就不能吸引财富。当你**感觉**肥胖时，你就无法吸引苗条。当你**感觉**孤独时，你就不能吸引伴侣——否则就违反了**法则**。周围许多人都想提醒你注意“现实”。他们说：“面对现实吧。看看你的**现状**。”而我们要告诉你，如果你只能看到**现状**——那么，由于**吸引力法则**的作用，你只能创造出更多类似的**现状**……为了吸引不同的事物，吸引更多的事物，你必须让思想超越**现状**。

情绪饱满地关注**现状**，将把你像树一样牢牢地固定在原地。但是，情绪饱满地（快乐地）憧憬未来——想要吸引某种生活经历，将会为生活带来改变。**生活中的大部分事物，你可能仍想保持原样；对它们的持续关注，将会让你继续拥有这些事物。但是，任何你不想要的事物，你都必须对它减少注意力。**

欣赏产生吸引

一种想法只要能唤起你的情绪，就能快速地改变你的生活。若你思考某些想法时并没有感到任何情绪，生活就不会发生改变。因此，只有通过不断地欣赏，你所创造的事物和你欣赏的事物才能继续保留。但是，对于仍未拥有的事物，你必须给予清楚、清醒、有意和能唤起情绪的关注，才能迅速得到。

创造性工作坊极其有效，你可以从最重要的主题中挑选你最欣赏的方面。每当你再次遇到这个主题，你要更加关注它的细节，随着相遇次数增多和细节增加，你对该主题的情绪也得到升华。在这种方式下，你利用**创造性工作坊**完成了**有意创造过程**所需的一切：你思考着想要的事物，并带着欣赏情绪接纳它们。经常参加**创造性工作坊**，你将注意到，在**工作坊**中深思的事物与生活中出现的事物之间，开始体现明显的对应关系。

若我不相信万能法则，它也能奏效吗

杰瑞：亚伯拉罕，你们所谈到的**法则**，这些**万能法则**，如果我不相信它们，它们仍然要发挥作用吗？

亚伯拉罕：是的，确实如此。即使你自己毫不知情，你也在发出思想振动；这就是为什么存在**无知无觉状态**下的创造。你无法将自己的**创造机制**关掉，它总能发挥作用，**法则**一直对此进行响应。这就是理解**法则**的重要性。如果你对它们不理解，就好像玩游戏而不知道游戏规则。那么，当你玩游戏时，你并不理解为什么会得分，为什么会扣分，为什么变成现在这个样子。这种游戏只会让人产生挫败感，令大多数人敬而远之。

如何远离不想要的事物

杰瑞：亚伯拉罕，人们应当如何**远离**不想要的事物？

亚伯拉罕：不去思考你不想要的事物。不要留意你不想要的事物——因为你的注意力会吸引它。你对它思考得越多，想法就变得越强大，从而涌现出更多的情绪。然而，即使你说："我再也不会思考这个主题了，"此时此刻，你仍然在思考着这个主题。因此，关键是要思考一些别的事物——一些你**真正**想要的事物。通过练习，你的情绪感受会提醒你——你所思考的事物是想要的还是不想要的。

文明社会看上去欢乐无多

杰瑞：我们生活在一个非常文明的社会，在经济和物质方面，相对而言我们做得都还不错。但是，无论在大街上还是公司里，诸如此类的地方，我看不到周围的人有多么快乐。难道正如你们所说，人们的愿望很少但是信念很强烈？

亚伯拉罕：大多数人针对自己所观察的事物发出主要的思想振动。因此，当他们观察到快乐的事物时，便会感受到欢乐。但是当他们观察到糟糕的事物时，当然不会感受到欢乐。大多数人并不相信自己能够支配情绪感受，因为他们没有完全掌握产生情绪的条件。正是他们拥有如此的信念——认为自己缺乏支配生活的能力，才导致你所看到快乐缺失。我们必须提醒你，如果你继续关注别人欢乐的缺失——你的快乐也会失去。

我要更加热情地渴望

杰瑞：你们说过，如果我们的**欲望**很强烈，那么**信念**可以不必要求太高。那么，我们该如何着手，对**工作坊训练法**建立热情的渴望呢？

亚伯拉罕：一切事物都必须有一个出发点。换而言之，许多人与我们交流时会说："亚伯拉罕，我听到你们所说的了，但是我不知道自己想要什么。"所以我们说，先从这里开始：**我想知道自己想要什么**。因为在提出这个声明之后，你将变成一块磁体，吸引所有帮助你做出决定的信息。**以某个出发点开始，让吸引力法则为你吸引事例，带来选择；之后，你对这些选择思考得越多，你就会变得越热情。**

关注任何主题都将促使它变得更强大，同时情绪也会因此而高涨。当你思考着想要的事物，开始为这幅想象的画面增加细节，那么这些想法将会变得更强烈。但是，如果你思考着渴望的事物，紧接着却想着它还没出现……然后，你思考着拥有它是多么地有趣，紧接着却想起它要花费好多钱而你又支付不起……这种瞻前顾后、畏首畏尾的做法削弱了你的热情，降低了你想法的能量。

我能放弃带来相反结果的信念吗

杰瑞:如果有人在别人的引导下,认为自己的生活已经**注定**,他们还能创造渴望的生活吗?

亚伯拉罕:如果他们的愿望足够强烈,是可以的。换而言之,之前故事里所提到的那位妈妈,从她的社会经验和过往经历看来,她肯定不相信自己能够搬动如此沉重的汽车。然而,因为她的孩子处于危险之中,所以她想要搬动汽车的愿望无比强烈,于是搬动了汽车。因此,如果愿望足够强烈,信念是可以被推翻的。

信念很强大,它们一般难以改变,但却**可以**改变。只要你不断寻求感觉良好的想法,你就能找到它们,激活它们,让**吸引力法则**对它们发生作用;不久,思想的改变就会反映在全新的生活之中。如果你只认为"凡事要有事实依据",牢牢抱住这种观念不放,那么任何事物都不会发生改变。但是,思维的不断关注和**吸引力法则**对新想法的反应,将会产生新的事实依据,只要明白了这点,你就理解了**有意创造**的力量。

前世生活的信念会影响我现在的生活吗

杰瑞:前世生活的想法(或信念),还能继续影响我的今生经历吗?

亚伯拉罕:你一直不断地发展壮大,**内心世界**是你所有生活经历的顶峰。你的**内心世界**不仅相信你的价值,而且知道如何发挥你的价值。因此，当你选择与**内心世界**相一致的想法时，你就能明明白白地体会这一切。

然而，任何前世生活经历的细节，并不会影响你的今生。有人对此还很困惑，主要因为他们不想承认自己是生活经历的创造者。他们说："因为前生我是个'饿死鬼'，所以这辈子我吃得发胖了。"而我们要说："**前世的经历中，没有任何事物能够影响你现在的所作所为，除非，你以某种方式觉察到它，并且正对此进行关注。**"

我的消极情绪影响别人的健康幸福吗

杰瑞：在考虑给亲人购买人身保险时，我们对他们产生了消极的预期。那么，我们如此思考**别人**生活中可能遇到的意外，会给他们带来真正的意外伤害吗？

亚伯拉罕：因为你不能够代替别人发出思想振动——这是他们的吸引力焦点，所以你不能创造别人的生活经历。但是，如果你长久地关注某些事物，直到想法变得强烈，并为此感受到强烈的情绪，那么你也能够**影响**别人的思考。

要记住，大多数人发出的思想振动，主要都是响应自己注意的对象。因此，如果他们关注你，看到你脸上的担忧表情，或者注意你发表的消极评论，那么他们很有可能受你影响，开始担心自己。

如果你想给别人带来帮助，就把他们视为理想的状态。这种影响才是真正有用的帮助。

我能取消别人过去的设计吗

杰瑞：如果一个人的想法已经被别人“设计”好，形成了某种信念，后来此人发现这种信念并非必不可少，那他应该如何取消这类信念？

亚伯拉罕：这里面有两大消极影响阻碍着你：一是别人的影响，另一是你自己旧习惯的影响……你已经形成了思维模式，因此很容易重新陷入旧习惯模式之中，而不会思考符合新渴望的新想法。其实，仅仅需要有意地运用一点点力量，或者如你所说的，运用意志力，就能把你的注意力投向另一个角度。

你提到的“设计”，仅仅是你所关注的事物在**吸引力法则**作用下的结果，任何事物在你的关注下都会变得强大。某些被你称为“人生设计”的事物，仅仅是融入当今社会的一种良性整合，其中有些甚至阻碍了你的个人发展。随着时间的推移和不断的实践，你将学会分辨个中好坏，选择一条适合自己的发展道路。这才是真正的**有意创造**。

我的力量焦点就是现在吗

杰瑞：亚伯拉罕，**塞思**书系里有一条警句是这样说的：**你的力量焦点就在你的现在**。这对你们意味着什么？

亚伯拉罕：无论你思考的事物是现在发生，过去发生，还是即将在未来发生——都是你现在的思考。思维振动是你现在散发出来的，**吸引力法则**一直响应的，也正是这种当前想法的振动。因此,你创造的力量就在**现在**。

你的情绪流露只是反映**现在**的想法,无论这种想法是关于你的**过去**、**现在**还是**未来**;明白这点对你也有帮助。你的情绪感受越激烈,你的想法就越有力,与想法一致的事物就会越快地进入你的生活。

你可以回忆多年前与人有过的争执,可能此人十年前已死去,但是只要你**现在**回忆这些争执,你就激活了它的内在振动,你**现在**的**吸引力焦点**正在受此影响。

第一种消极事物是如何产生的

杰瑞:我一直想知道第一种疾病,或第一种消极事物是如何产生的。难道几乎所有事物的第一次发生,都是通过对它的思考吗?好比第一盏电灯的发明,首先产生思想,然后有了电灯。那么,我们取得的成就也是如此吗?产生更多的疾病,或者更多美好、令人兴奋的事物——仅仅是比我们以前所思考的事物多跨出一步,或者多出一种想法吗?

亚伯拉罕:所有的事物——无论你认为它们是好还是坏——都只是从现在的角度出发。

你明白了思想是首先产生的,这是正确的。首先有了思想,接着是思想的形式,然后是事物的呈现。你现在就是利用经历的平台,激发一个又一个思想。

你可以选择积极地预期,也可以选择消极地预期,而无论是何种情况,**吸引力法则**都将给思想增加力量,直到它最终实现。认识到这点后,你就要在思想上更加专注些。注意力很微弱时,任何事物都不会立刻实现。一种事物的实现,需要花费大量的时间和注意力,直到吸引足够的力量才能完成。这就是为什么所有的事物,无论想要的还是不想要的,都在不断积累。换而言之,疾病增多并且随处可见,是因为人类越来越关注疾病。

想象与形象化并不完全相同吗

杰瑞:亚伯拉罕,你们如何描述**想象**这个名词?它对你们意味着什么?

亚伯拉罕:想象是思想混合变形之后的各种组合。它类似对现场的观察。尽管如此,在想象中,你是在创造图象而不是观察现实中的事物。有人喜欢使用**形象化**这个词,但是我们想提出一点微妙的区别:**形象化**常常只是对曾经观察事物的一种回忆。而**想象,**意味着有意地将所渴望的各种成分组合起来,在头脑中创造想要的情节发展。换而言之,带着积极的意图进行集中注意。当我们使用**想象**时,我们才是真正讨论**有意创造**自己的现实。

杰瑞:但是如何能够想象或形象化自己从未见过的事物?比如想要拥有的伴侣、想要生育的孩子,或者从未考虑过的职业?

亚伯拉罕:当你观察周围的世界时,会有意地收集生活中吸引你的方方面面。注意某人带给你的美丽微笑,或者别人家的漂亮房子。在头脑中记下或用笔写下你在大千世界里所喜欢的事物,然后把这些特征在头脑中混合,创造出自己满意的情节画面和生活方式。不要试图寻找完美的榜样,因为你的想法独一无二，是自己独特现实的创造者。

很快你会发现，这种想象的艺术会让美好的结果自动融入你的生活，而想象本身也很令人愉快、妙趣横生。只要你开始说“我想知道自己想要什么”，**法则**就开始发挥作用，为你吸引各种例子。而当你收集随之而来的信息后，记住每一天都要努力寻找想要的事物。然后，你可以四处瞧瞧，看看别人身上有没有值得拥有的品质，某些你希望自己的伴侣、伙伴或者将来的工作能够具备的品质特征。**如实地说，无论在何种主题下，完美榜样都是不存在的——你是它们的创造者。**

有人说：“我本来想要变得富有，后来我看到一个很有钱的男人，他身体很不健康，并且有过一场失败的婚姻，所以我就把财富、失败的婚姻和身体不健康联系在一起，所以我不再想要变得富有。”而我们要说，如果你想要财富，就把财富的信息收集起来吧——然后把身体不健康和失败的婚姻忽略掉。

杰瑞：那么我们可以把想要拥有的特征都形象化，然后拼接在一起吗？

亚伯拉罕：可以。那才是**工作坊**的真正要点。找一个不会被人打扰的地方，然后在脑海中进行想象。

杰瑞：那么它未必是已经存在的事物，只是你现在想要的事物。

亚伯拉罕：当你练习**工作坊训练法**时，你会发现，大多数情况下，它并不会立即实现。当你感觉非常兴奋时，你就会明白自己已经想通了……你是否经历过项目攻关？你不断地思考，不断地思考，直到你突然说：“我终于想到了！”这种**“我终于想到了”**的感觉，正是引发创造的关键。换而言之，经过你不断地深思熟虑，猛然发现了想法的最完美组合，这才把想法确定下来，而**内心世界**流露的情绪向你表明，**是的，就是它了！我终于知道了！**所以，**工作坊**的要点就是思考各种可能，直到你的“好主意”诞生。

杰瑞：当我们的形象化的强烈意图没有实现时，最常见的原因是什么？

亚伯拉罕：如果你一直纯粹地形象化你的意图，那么它一定会实现，而且会很快实现。形象化的纯粹性是关键，这就是说，纯粹在你想要的方向上产生想法。当你说：“我想要，**但是**……”因为你加上了**但是**，所以它刚诞生时就被你取消或者打败。一般情况下，成功与失败的想法几乎一样多，失败的想法甚至更多。**如果你想要的事物姗姗来迟，那只有一个原因：比起让它实现，你用了更多的时间去关注它的落空。**

如果你能够辨认出想要的事物，**有意地**思考它们，直到最终得到它们，那么你想要的所有事物很快都会融入你的生活。如果你能够纯粹地幻想想要的事物，而不是关注**现状**——现实情况，那么你就会吸引更多想要的事物，而不是更多的**现状**。改变**吸引力焦点**，就是这么简单的小事。

让你的眼睛、言语和思想超越现状，让它们纯粹地关注你现在想要的事物。你对想要的事物思考和谈论得越多，想要的事物就会越快地变成你拥有的事物。

耐心并非积极的美德吗

杰瑞：亚伯拉罕，如果有人劝别人，“别着急，耐心一点”，你们会怎么想？

亚伯拉罕：当你理解**吸引力法则**之后，当你开始有意地指导自己的想法时，你渴望的生活就会迅速实现——而耐心将会变得毫无必要。

我们并不赞成人人都要耐心，因为它意味着事情的成功往往花费很长时间，而这是不对的。只有当你的想法自相矛盾时，成功才会姗姗来迟。如果你瞻前顾后，左顾右盼，那么你很可能永远到不了想去的地方。但是，当你停止向后走，一直往前冲，那么你就会快速地到达目的地。而这是不需要耐心的。

我想要进行“量子飞跃”①

杰瑞：那么，前进一小步，多**做**一点点，深入一点点，**增加**一点点，这些都很容易。但是，我们所说的“量子飞跃”该如何实现呢？换句话说，成就前所未有的伟业，该如何着手创造这样的事物？

亚伯拉罕：不错。你终于悟出了关键。向前迈出小步子是如此容易，其原因就是承认你现在所持有的信念很容易，将这个信念稍稍延伸一点点也很容易。你并未完全改变信念，只是将它们稍稍地扩展了些。而“量子飞跃”通常意味着必须放弃现有的信念，同时采纳一个全新的信念。

量子飞跃不能通过强化创造的信念部分或接纳部分而实现。量子飞跃通过强化创造的渴望部分而实现。

---

① 量子飞跃：常常用来比喻大飞跃，或巨大突破。

你是否同意，那位妈妈（前面故事里所提到的）搬动压在孩子身上的汽车时，经历了一场“量子飞跃”？即使她一直参加健身锻炼，要她相信自己能够搬起那么重的东西，也需要很长的时间，一点一滴才能做到。但是她强大的愿望导致她当时就产生了“量子飞跃”。

我们并不鼓励“量子飞跃”，因为只有差异悬殊的刺激才能产生极大的推动力和令人惊叹的结果。但是这种结果几乎总是暂时的，在信念的平衡作用下，你最终要回到以前的状态。所以，只有逐步将信念过渡到符合内心的渴望，才是更令人满意的创造方式。

杰瑞：那么，请再重复一次，如何使欲望变得强烈？如何让自己想要更多？

亚伯拉罕：把想法集中在自己确定想要的事物上，**吸引力法则**将为你的创造吸引更多的信息，更多的资料，更多的条件。

你该知道，只要注视想要的事物，就会感受到强烈而积极的情绪，这是一个自然的过程。其实很简单，只要思考你想要的事物就可以了。如果有可能，去有你想要的事物的地方，有意让自己体验那种美妙的感觉。而当你感觉美好时，在你的情绪作用下，所有的好东西都会向你走来。

当你集中注意某些事物时，**吸引力法则**就会“煽风点火”。所以，如果你需要很大的努力才能提升欲望和积极情绪，那就是因为你不仅思考了想要的事物，同时还思考了它的对立面，你并没有接纳它顺利地前进。

是不是越大的事情越难以实现

杰瑞：那么，为什么几乎所有人都感觉自己只能创造或者实现微小的目标，而不能创造更大的成就？这是什么原因？

亚伯拉罕：因为他们不理解**法则**，他们认为“能做什么”取决于“已经是什么”……**当你理解了法则，你就会明白，创造一座城堡并不比创造一粒纽扣更困难。它们是同等的。创造出1000万美元的价值不比创造出10万美元的价值更困难。同样一个法则，针对两种不同的意图，发挥了相同的作用。**

我能够向其他人证明这些原则吗

杰瑞：为了给别人证明这些**法则**或原则的有效性，有人想要检验它们，他们说：“让你们看看我能够以此做些什么。”这样做会对**吸引力法则**的效力产生影响吗？

亚伯拉罕：努力向别人证明某事会带来麻烦，会导致你反对**不**想要的事物。你的这种做法，激活了**那个特定事物**的振动，导致难以完成**真正**想要的事物。这样做也容易令人失去信心，因为如果**别人**的怀疑非常强烈，那么**你**也可能受到影响，从而产生一些怀疑。

没有必要用言语向任何人证明任何事物。让你的状态——你的生活状态——成为激励他人的榜样。

为什么有人需要证明自己

杰瑞：亚伯拉罕，为什么大多数现实世界的人，看上去都在努力证明自己的价值？

亚伯拉罕：部分原因在于，人类错误地认为资源有限，因此他们觉得必须向别人解释，为什么自己有资格获得资源而**别人**没有。还有一方面的原因，人们认为自己“毫无价值”。在现实世界，有一种非常强大的想法是这么认为的：“你没有价值，所以你要来此**证明**自己有价值。”

你并不是来证明自己的价值的。**你本身就很有价值**！你来此是为了经历快乐的成长。正是通过欲望的力量，通过接纳的力量——准确地说，通过你对**法则**的运用——你融入了现实世界。因此，你出现在现实世界，就证明了你的价值，证明你可以成为任何想成为的人，去做任何想做的事情，拥有任何想要的东西。

认为自己“毫无用处”的想法与你**内心世界**的感受完全不一致，所以这种想法才会使你感觉如此糟糕。明白这点之后，你就要努力寻找方法改进思维方向。如果你不能理解这一点，总想让所有人都满意，你就会四处碰壁，因为每个人对你的要求不尽相同，最终你将迷失道路。

当你渴望得到别人的认可时，你正处于消极模式之中，因为没有关注你想要的事物。相反，你可以努力说服别人你可以做任何事情，只是你现在不想这么做。这**是**可以的。

如何融入亚伯拉罕的诀窍

杰瑞：很多生活上取得巨大成功的人——他们生活快乐，拥有良好的人际关系——他们看上去轻易就获得了这些成功。他们并没有尽最大的努力，而其他人尽管非常努力但却收获甚少。那么，**努力**或**实际行动**，如何融入我们创造事物的秘诀之中呢？

亚伯拉罕：你来到现实世界，并不是来用**行动**进行创造。相反，你的**行动**只是一种方式，你可以用这种方式享受**思想**创造出来的成果。当你有意地提出自己的思想，把渴望的想法调整为合适的信念和预期，**吸引力法则**就会自动吸引你所寻求的结果。如果你不花时间调整思想，那么光靠**行动**是远远不够的。

想法与信念一致而产生的行动，才是快乐的行动。而自相矛盾的想法所产生的行动，则是一件人人厌烦的苦差事，不会产生好结果。如果你真的那么喜欢投入行动，首先一定要保证自己的思想振动是纯粹的，千万不要对自己的欲望产生自相矛盾的想法。当你所做的事情难以为继，或者行动并未带来理想的结果时，那一定是因为你的想法和内心欲望相反。

现在，大多数人都是实际行动者，因为你们还没有理解思想的力量。只要你们学会更专心地思考，就不需要采取过多的行动了。

我正提前铺设未来环境

常常有人对我们说:"亚伯拉罕,我一定要采取行动——我再也不能只是思考了。"我们也承认,生活的前进的确需要行动来完成。但是,如果我们生活在你们的世界里,我们会尽量对重要的事情提出有意想法。当我们发现自己思考着不想要的事物时(产生消极情绪的想法),我们会停下来,努力改换另一种感觉良好的思考方式。不久,所有事情都会得到改进。

比如说你正在街上行走,突然发现一个大块头的坏蛋(你自己估计的)正在痛打一个小个子。现在必须采取某种行动了！在这种情况下,你有两个选择,要么走开,任由小个子受欺负,要么卷入其中,并有可能冒险伤害到自己。但两个选择都不尽如人意。

你可以选择采取任何行动,但是不要放弃你现在的思考。从别人和谐的生活经历中采集积极的生活画面,把**它们**带入你的**工作坊**,让**这些**想法在你的内心产生最活跃的思想振动。不久,**吸引力法则**就不会再让你陷入没有任何积极选择的境地。

有人视自己为"救星",以帮助弱小者免遭大个子欺负为己任,那么他们会发现自己经常遇到需要帮助的人……如果不断感受锄强扶弱的满足感就是你的抱负,那么请继续与这些经历有关的想法吧——**吸引力法则**将会把这些经历继续带给你。但是,如果你更想体验一些不同的经历,那就思考一下别的——**吸引力法则**会把**其他**经历带给你。**你所思考的主题正在预设你的未来经历。**

宇宙如何满足我们的不同欲望

杰瑞:我常常告诉人们,就我的观察来说,生活中工作最辛苦的人收获最少,而工作最轻松的人收获最多。然而,总得有人去挖土豆,挤牛奶,钻探石油,做着我们所认为的**辛苦工作**。那么,亚伯拉罕,请为我们解释一下,我们每一个人都能够拥有、做出并且成为我们想要的任何事物,然而各种工作都需要有人来完成,这怎么可能解决呢?

亚伯拉罕:你们生活在一个完美平衡的宇宙里。你们就像厨师,在原料丰富的厨房里工作,所有的原料,只要是你能够想象到的,都以足够的比例出现在此,允许你创造出任何种类的食谱。当你真的**不**愿意做某事时,你当然很难想象会有别人**愿意**去做这件事,也无法想象别人不介意做这件事。

我们知道,如果社会决定取消某种特定的工作,通过你们渴望的力量,你们会以另一种方式完成任务,或者不需要它而完成任务。对于社会而言,经常会淘汰某种事物;接着,它就不再出现,取而代之以新的事物。

现实世界与超现实世界有何不同

杰瑞:**我们**的生活——现实世界的生活,与**你们**的生活——超现实世界的生活,两者之间的主要区别有哪些? **我们**的地球上,有什么事物是**你们**所没有的?

亚伯拉罕:既然你们是我们的物质延伸,那么你们所经历的大部分事物，我们也同样经历。然而，我们不会允许自己关注给**你们**带来不适的事物。我们更关注想要的事物，因此我们不会体验到消极情绪。

你们可以像我们一样感受事物。事实上，当你们处于**欣赏**或者**爱**的状态时所体验到的情绪，就是表明你们正以我们的方式看待生活。

现实世界和超现实的世界相互融合，无法分离。然而，在超现实世界，我们的想法更纯粹。我们不反对不想要的事物。我们不思考想要事物的落空。**我们一心一意地关注持续发展的愿望。**

你们的现实世界，地球，是对思想认识进行微调的良好环境，因为你们的思想不会立刻转换成等价物——你们拥有缓冲时间。当你提出想要的想法时，在开始吸引之前，头脑必须变得非常清醒（清醒到能够自然流露情绪）。然后，你还必须**接纳**它并且**预期**它进入你的经历，它才会实现。那段**缓冲时间**提供了斟酌的机会，你可以仔细想想，这种想法对你而言到底有多么重要。

如果思考的一切都能够立刻实现，那么就要花费更多的精力处理错误的结果（即使现在也有人在纠正错误的创造），而没有时间创造真正想要的事物。

是什么阻止了每一个不想要的想法呈现

杰瑞：在事物呈现之前，在**缓冲时间**中，是什么把我们的想法中不想要的事物剔除了？

亚伯拉罕：在多数情况下，它并没有被"剔除"出来。生活中，大多数人都拥有一点点自己喜欢的事物，也拥有一点点自己不喜欢的事物。**大多数人都是在无知无觉状态下创造出生活中的一切，他们并不了解游戏的规则。他们还没有理解法则。**

但是，有人开始理解这些**永恒的万能法则**（无处不在的法则）。对这些人而言，他们不同的**情绪感受**方式，才会导致思想呈现不同结果。

不应该将呈现方式形象化吗

杰瑞：亚伯拉罕，当我们思考着想要的事物或将之形象化时，除了关注我们想要的**事物**之外，还应该关注获取它的手段吗？或者只需要想象最终的结果，而让实现目标的手段或多或少地自行解决，这样是不是更明智些？

亚伯拉罕：如果你已经决定以特定的**手段**实现创造，那么你可以对此进行关注。

如何知道手段是否已经足够明确——通过你的**情绪感受**。换而言之，当你处于**工作坊**时，如果手段明确就会产生激情体验或者积极的情绪。但是，如果手段过于确定，甚至在未收集足够的相关信息之前就想固定下来，将会导致怀疑或者困惑。**因此，关注你的情绪感受，就能认识到目标的平衡性……思想要足够地明确，以致于感受到积极的情绪，但也不要太过明确，以致于感受到消极情绪。**

讨论你想要**什么**和**为什么**想要时，你通常会感觉良好。然而，讨论你想要**什么**以及**如何**实现时，如果你当时不能找到实现方法,那么这种确定的想法就会让你感觉糟糕。如果再仔细讨论**谁**能帮助你实现,**何时**能够实现,或者在**哪里**实现,而你却对此一无所知,那么这些确定的细节产生的阻碍将要大于帮助。**尽可能地明确当然非常重要,但前提是继续感觉良好。**

我的欲望是不是太明确了

杰瑞:比如说我想成为一名快乐的教师。以下想法是否对我有帮助:“那么,我到底想教历史、数学还是哲学呢,想教高中还是别的学校呢?”

亚伯拉罕:如果你把成为一名教师的**原因**归结为:**我想分享这门学科中所发现的快乐,以此鼓舞别人。**那么,你就会产生积极情绪,同时表明这种想法正在促进你的创造。但是,如果你接着思考,**“但是我并未精通这门学科”**,或者**“现行的教育体制下学生没有自由”**,或者**“我当年做学生时真是压抑”**,或者**“我从来没有遇到过真正欣赏的老师”**,这些想法的感觉并不良好,并且这些**明确细节**会阻碍你快乐的创造。

问题的关键并不在于你应该注重细节还是应该泛泛而谈。关键是思维的方向。你所需要的只是感觉良好的想法。所以只要找到感觉良好的想法,只要你在接近它的过程中保持大致了解,通常你会很快发现它们;然后,从良好感觉出发,慢慢给它们添加更多快乐的细节,直到你能够轻松确定实现目标的手段,同时又保持良好感觉。这就是创造的最佳方式。

杰瑞:只去幻想最终结果的本质特点,让这些具体细节完全自行解决,这样的话会好一些吗?

亚伯拉罕：这是一个不错的解决方法。如同使用快进键一般，直接奔向最终的快乐结果。想象着所有愿望都已实现的场景。从这种良好感觉出发，你将吸引特定的想法、人群、环境和事件，从而导致它们全部发生。

杰瑞：那么对于我们追求的最终结果，你们认为我们的想法应该多么详细呢？

亚伯拉罕：在你的脑海中，让最终结果尽可能地详细——同时保持良好感觉。

我能够抹去以前的不利想法吗

杰瑞：过去的经历、想法和信念，如果对现在的快乐创造没有一点好处了，有没有什么方法，可以让我们抹去所有这些记忆呢？

亚伯拉罕：你不能眼看着一段不想要的经历，然后宣称不再思考**它**，因为即使是在那一刻，**你仍在**思考着**它**。你应该思考一些其他的事情。当你注意其他的事情时，过去那些不想要的经历将会失去力量，不久以后，你根本不会再考虑它。**与其费尽力气抹掉过去，不如关注当下。留意你现在想要的事物。**

如何逆转生活的“螺旋下降”

杰瑞：如果你的生活正在螺旋下降，所有重要的事物都离你而去，或者不断贬值，那么应该如何停止这种消极的生活退步，如何让生活转向积极向上的方向呢？

亚伯拉罕：这个问题很好。生活“螺旋下降”正是**吸引力法**

则在起作用。换而言之,它是由小小的消极想法引起的。然后更多的想法吸引进来,更多的人们卷入进来,更多的交谈参与进来,直到它变成非常强大的——如你所说——螺旋下降。它的力量如此强大,要想把思维从不想要的事物上移开,可要花费很大的力气。换而言之,如果你的脚趾头真正痛得发抖,你很难把思想集中在健康的脚上。**在极端消极的情况下,我们建议分散注意力而不是试图改变想法。换而言之,去睡觉或者看一场电影,听听音乐,逗逗猫……做一些能够让你改变想法的事情。**

即使处于所谓的"螺旋下降"之中,生活中还是有些可取之处。只要关注你所拥有的积极事物,哪怕只有很小一部分,**吸引力法则**都会从现在开始,为你带来更多的积极事物。**只要更多地思考你真正想要的事物,你就可以将快速的"螺旋下降"逆转为快速的"螺旋上升"。**

两个人竞争同一奖品时怎么办

杰瑞:既然是同在一个竞争的环境下,如果一个人**赢得**了奖品,就意味着另一个人**失去**了它,如何能让每个人都得到自己所想要的呢?

亚伯拉罕:要认识到世界上有无限的"奖品"。若奖品只有一个,而你偏偏要报名参加比赛,那你就等于自动选择竞争激烈的环境。最聪明的人,同时拥有最强烈愿望和最强大胜利预期的人,才能最终赢得奖品……

竞争也有好处,因为它刺激你的欲望。但是如果它动摇了你的信念,让你无法坚持下去,那么它也能变为你的不利条件。

要学会在竞争中感受快乐。即使你无法把奖品赢回家，也要从竞争中取得进步。无论如何，只要你感受到快乐，在我们看来，你已经赢得最伟大的奖品。你赢得了**内心的联系**。你赢得了心灵明晰。你赢得了活力。你赢得与**内心世界**的协调一致。在这种心态下，你将赢得更多的奖品。

在这个无限的宇宙里，并不需要进行你死我活的资源竞争，因为资源是无限的。也许你自己放弃了接受资源的权利，因此觉察到短缺，但这其实是你自己造成的。

如果我能够想象它，那么它就是现实的

杰瑞：我们想要的事物中，有没有在你们看来是不切实际的？

亚伯拉罕：如果你能够想象它，它就不是“不切实际的”。在这个世界上，只要你能够创造欲望，就有相应的资源来实现它。只要你与欲望的振动协调一致就可以实现。

杰瑞：那么，无论何种方式，只要我能够**幻想**，是不是就意味着我已经进行了**想象**？

亚伯拉罕：随着你**幻想**自己处于**想象**的世界之中，你就在吸引这些环境，并能以此找到创造的方法。

这些原则也能用来“作恶”吗

杰瑞：能不能用你所传授的方法，用相同的创造过程，去创造别人认为“邪恶”的事物？比如杀人、抢劫？

亚伯拉罕：会不会有人创造出**自己**想要的事物，而**你**不希望如此？

杰瑞：有这种可能。

亚伯拉罕：那就是了。无论**他们**想要什么……他们都可以吸引。

共同创造是不是力量更大

杰瑞：能不能召集一群人，把我们的力量或能力叠加起来，共同创造某些事物？

亚伯拉罕：集中进行共同创造，**优势**就是能够刺激欲望，强化欲望。**缺点**就是当人数越多时，仅仅对自己想要的事物保持关注就更难了……**作为个人来讲，你拥有足够的力量来创造任何能够想到的事物。因此，集中起来共同创造并无必要。不过，那样也许会很有趣！**

如果别人不想要我坚持下去怎么办

杰瑞：如果有人强烈反对我们想要的事物，与这样的人在一起，还有可能进行有效的创造吗？

亚伯拉罕：只要关注**你**渴望的事物，你就可以忽视别人的反对。如果你反对别人的反对，那么你就不会关注自己想要的事物，从而影响你的创造。为了持续关注自己的欲望，远离那些毫无必要的反对，这样做当然更好。但是，如果你因为有可能产生的反对而需要远离某人，那么你也需要离开这个城镇，因为这儿很可能有某些人与你的想法不完全一致;如果这样的话,你也需要离开这个国家,进而不再与这个星球见面。**逃离反对的事物并无必要。只要关注你想要的,借助内心的明晰所产生的力量,你就能够在任何环境下进行积极的创造。**

杰瑞:是不是说,无论我们想要与否,只要对思考的事物产生相应的情绪,我们就要接受它的本质特点?

亚伯拉罕:只要你思考一个想法,并长期保持关注,**吸引力法则**就会带来更多类似的想法,直到想法变得非常清晰,从而唤起相应的情绪。**你所思考的任何想法,只要不断思考,最终都会变得足够强大,从而吸引与自身特点一致的事物,融入你的经历。**

如何使用动力来推动发展

杰瑞:亚伯拉罕,如何才能达到一种动力状态——利用已经创造的动力推动我们的发展——推动我们向前运动?

亚伯拉罕:思考让你开心的一件小事,然后关注它,直到**吸引力法则**为你带来越来越多开心的事物。你越多地想起自己想要的事物,就会流露出越多的积极情绪……而积极情绪产生越多,你就会更加明白,你正在思考自己想要的事物。因此,只要你——有意和清醒地——决定自己想要的创造方向。

无一例外,每个人都在吸引生活中的一切事物。但是,如果你有意选择思维的方向,逐步地引导注意力,使之朝向感觉更美好的想法,那么,你将不再无知无觉地创造不想要的事物。清醒地意识到强大的**吸引力法则**,积极关注自己的情绪,怀着对美好感觉的渴望,在三者共同引导下,你就能享受**有意创造**的快乐。

THE LAW OF ATTRACTION
吸引力法则

第四部分
接纳的艺术

接纳的艺术：详细定义

杰瑞：亚伯拉罕，接下来的主题意义重大，是一个曾给我带来全新理解方式的主题。因为，我从来没有从这种角度进行思考，也没有达到你们所具有的明晰程度，这就是**接纳的艺术**。谈谈你们对它的看法吧？

亚伯拉罕：我们非常想帮助你回忆起**接纳的艺术**，甚至有些迫不及待；因为有意地理解和运用这条**法则**，可以把一切创造过程都整合起来。换而言之，无论你是否理解**吸引力法则**，它都是**如此**。它总是响应你，为你产生与思考相匹配的结果。但是，对**接纳的艺术**的有意运用，需要清醒地意识到自己的情绪，以便选择思维的方向。对这条**法则**的理解，决定你是进行**有意**创造，还是**无知无觉地默认**创造。

我们把**接纳的艺术**按照一定顺序排列，放在第一条——**吸引力法则**和第二条——**有意创造的科学**之后，这是因为，只有完全理解前两条法则之后，才能领会**接纳的艺术**。

接纳的艺术是指：**我展现自己的本来面貌，并且对此很满意，快乐地接纳自己。而你也在展现自己的本来面貌，它可能与我的本来面貌有所不同，但它仍然是很好的……因为，即使我们之间差距悬殊，我也能够只关注自己想要的事物。因为我足够**

理智，不会去关注给我带来不适的事物，所以我也不会遭受消极情绪困扰。当我能够运用接纳的艺术之后，我就会明白，来到这个现实世界，并不是为了让每个人都奉行我所认为的“真理”。我不是来鼓励步调一致或者千篇一律——因为我敏锐地观察到，在千篇一律和步调一致中，缺乏刺激创造力的多样性。如果我只关注如何步调一致，那么必将走向一个终点，而不是可持续的创造。

因此，万物的繁衍生息，地球的生死存亡，甚至宇宙的生死存亡，**接纳的艺术**对此都有着至关重要的作用；并且，从本质能量的广泛角度来看，世界的延续是必然的。从现实世界的角度来看，你可能不愿意接纳自己的成长，但是当你这么做时，就会感觉极其糟糕。如果你不愿**接纳**别人的成长，你也会感觉极其糟糕。

当你看到一个令人不堪其扰的情况，而又决定对此无所作为时，你正在**容忍**这种情况的发生。这与我们所说的**接纳**有很大的不同。**接纳**是一种巧妙艺术，利用你和**内心世界**的紧密联系，找到看待事物的独特方式。通过有选择地研究现实世界的信息数据，集中关注其中感觉良好的事物，这样才能达到**接纳**状态。它需要**情绪指导系统**的帮助来决定思维的方向。

我应该保护自己免受他人思想的侵扰吗

杰瑞：首先，我有个难以解决的问题，是这样的：该如何保护自己远离思考方式完全不同的人？从某种程度来讲，别人的想法如此怪异，都快要影响我们的生活了。

亚伯拉罕：很好。这就是为什么我们要说，在理解和接受**接纳的艺术**之前，必须首先理解**吸引力法则**和**有意创造的科学**。因为，如果你不理解事物是如何发生在自己身上的，那么当然会感到害怕。其实，除非通过思想邀请他人，否则他人无法进入你的生活；如果你还未明白这个道理，那么当然会顾虑其他人所做的事情。但是，既然你已经明白，除非通过自己的思想——带着情绪性的想法与愿望——进行邀请，否则任何事物都无法进入你的生活。那么，除非你真正完成了这种精妙的创造，否则你不会碰到它。

只要理解了这些强大的**万能法则**，你就知道围墙、防御工事、军队、战争或监狱等都不再有存在的必要。因为你可以自由地创造自己的世界，其他人也可以自由地创造各自的世界，而他们的选择并不会对你造成威胁。如果缺乏这些理解，你就无法享受绝对的自由。

在这个世界上，有些事物与你完全**一致**，也有些事物与你完全**不可调和**——还有一些事物介于两者之间。但是，你的目标并不是去消灭或遏制自己不认同的事物，因为它们将持续不断地变化着，无迹可寻。相反，你的目标是每时每刻地、一点一滴地辨认出什么是**你**想要的事物，用思想的力量去关注它，在**吸引力法则**将它吸引过来之后，接纳它的存在。

我们并非如此易受伤害

大多数人无法容忍别人的所作所为，这是因为对**吸引力法则**缺乏了解，他们错误地相信，不想要的经历能够渗入或者闯入自己的生活。当他们经历不幸的生活时，或者看到别人产生不幸时，总会认为既然别人无法幸免于难，那么这种威胁一定真实存在。他们害怕，既然其他人受到这种威胁，那么一定也会蔓延到自己身上。由于对**吸引力法则**缺乏了解，他们感觉大受威胁并且易受伤害，于是四处建立围墙，在要害之处集结军队，然而这些全无用处。因为，努力抵触不想要的事物只能让它们产生更多。

我们讲述这些道理，并不是要你的世界免遭负面影响，因为这些你想要消灭的负面影响，也是**一切事物**应有的发展。我们讲述这些道理，是因为我们明白，在多元化世界中，你也可以拥有快乐的生活。只有理解运用**吸引力法则**之后，我们讲述的道理才会帮助你找到并享受个人自由。

别人所做的事情和所说的内容未必会影响你，只有明白这个道理，你才可能愿意**接纳**他人。所以，如果不能先理解和运用前面两条**法则**，就无法理解或者运用**接纳的艺术**。因为你的感受——内心世界的感受——是如此强大，因为你想要维持自我，所以你不能够也不会**接纳**对此有威胁的人。

我们揭示的这些法则是永恒的，意味着永远有效。这些法则是万能的，意味着适用于任何地方。无论你知道与否，它们都是正确的；无论你接受它们的存在与否，它们都存在着——而且无论你承认与否，它们都将影响你的生活。

生活的游戏规则

当使用**法则**这一名词时，我们并不是指世界上大多数人所认同的**法则**。你们有重力的法则,时间和空间的法则,还有很多其他法则,甚至包括指挥交通的交通法则和约束公民行为的行为法则。但是,当我们使用**法则**一词时,我们谈论的是永恒持久的、无处不在的**万能法则**。而且它们并不像你们所认为的那么多。

如果能够理解和运用这三条基本**法则**,你就能理解宇宙是如何运行的。你将理解生活中的一切事物是如何发生在自己身上的。你将认识到自己就是身边所有事物的邀请者、创造者和吸引者;并且真正做到有意支配自己的生活经历。然后,仅仅在完成所有过程之后,你才能感受到自由——因为自由来自你对**如何**获得现有事物的理解。

在此,我们将要描述现实世界的游戏规则。我们之所以如此热心地做这一切,只因为无论是在现实世界,还是在超现实世界,这些都是所有生命的共同游戏规则。

宇宙中最强大的**法则**——**吸引力法则**——简单地说,就是相似的事物互相吸引。你也许注意到,当坏事出现时,似乎一切事物都开始出错。当你早晨醒来感觉良好时,你整天都会很快乐。但是,若一天开始你就和别人打架,那么余下的时间里往往有诸多不顺——这就是你对**吸引力法则**的模糊意识。的确如此,你所经历的任何事情——从最明显到最难以捉摸的——都受到强大**法则**的影响……当你思考着高兴的事情时,在**吸引力法则**作用下,其他类似的想法也会开始出现。当你想起不开心的事情时,在**吸引力法则**作用下,其他类似的想法也会开始出现;你会从过去的经历中搜索出相似的想法,然后与其他人讨论这些想法,直到自己被这些越来越多、不断变大的想法所包围。

而当这些想法变得越来越大时，它开始获得了动力，也开始获得了力量——吸引力。理解这条**法则**之后，你可以把思想集中在**想要**经历的事物之上；你也可以把注意力从不想要的事物上移开。

有意创造的法则是这样描述的：**对于我所留意的事物，我将开始吸引它。我所留意的事物如果能够引起强烈的情绪，那么我会更快地吸引它。而一旦在饱含情绪的关注下，有力地启动了创造，那么，当我盼望思考的事物发生时——我就得到了它。**

可以说，**有意创造**的平衡包含两个方面。一方面是想法，另一方面是良好的预期、信念或**接纳**。因此，当你留意某事物，同时盼望或相信它会发生，那么你正处于接受思维主题实现的完美状态。这就是为什么你获得了自己思考的事物，而无论你想要它与否。你的想法是强大而有吸引力的磁体——使得事物互相吸引。**想法本身会产生吸引力，通过你的关注而吸引类似的想法。**

仔细观察别人的经历，就更容易明白这些**法则**发挥的作用：仔细看看吧，经常谈论财富的人拥有财富；经常谈论健康的人拥有健康；经常谈论疾病的人患上疾病；经常谈论贫穷的人变得贫穷；这就是**法则**。你别无选择。**你的情绪感受就是你的吸引力焦点，因此，要把自己视为一块磁体，不断吸引更多的情绪感受，这样才能更好地理解吸引力法则。**当你**感觉**贫穷时，你会吸引更多的贫穷。当你**感觉**生病时，你会吸引更多的疾病。当你**感觉**不快乐时，你会吸引更多的不快。当你**感觉**健康、活泼、有活力和生气勃勃时——你将吸引更多的类似感受。

生活经历，而不是文字，给我们带来理解

我们是导师，在所有的教学活动中，我们认识到一个无比重要的事实：**文字无法育人。只有生活经历才能为你带来理解。**因此，我们鼓励大家对自己的经历进行反思，回顾以前经历的事物，将本书中所写内容与此进行对照，找到两者之间的对应关系。你会猛然醒悟，自己现在获得的一切，正是曾经思考的事物；这样以后，你才会仔细关注（实际上是有意地支配）自己的想法。

当你作出要自己支配想法的决定后，它就会变得越来越容易。你之所以思考那些不想要的事物，大部分原因是你没有理解它们到底有多大伤害。**一旦你认识到，思考不想要的事物，只会吸引更多不想要的事物，**那么，只要你不想要消极经历，只要你真正渴望积极经历，**自己支配想法就不是一件难事，因为你想这样做的欲望将会非常强烈。**

与其监督想法，不如感受情绪

监督自己的想法并不是件简单的事，因为在监督想法时，你没有时间进行思考。因此，与其监督自己的想法，不如考虑另一种选择，一种有效的替代方法。很少有人能够明白，你不仅仅是一个现实世界的存在，还同时拥有内心世界——更渊博、更睿智也更有经验的内心世界，而它正在与你交流。这种交流有许多不同的形式。它可能以清晰、生动的思维形式出现——有时甚

至以交谈的形式出现——但是就大多数的情况而论,它是以情绪的形式出现的。

在你们融入现实世界之前,曾经提出一个约定,将一直保留与内心世界的交流。经过约定,它将以情绪感受的形式——这种不会遗漏的形式出现,而不是以思维的刺激,或者言语的表达——这些有可能遗漏的形式出现。因为,当你正思考着自己的想法时,你不见得总能接收同时产生的另一个想法。比如你在思考或沉思时,即使在同一个房间里,你都有可能听不见别人说话。因此,感受的方式,比如情绪,就是一种非常好的交流方式。

有两种情绪:一种感觉良好,一种感觉糟糕。经过约定,当你所想、所说或者所做的事物与你想要的事物互相一致时,将会产生良好的感觉;而当你的思考、言论或者行为与你的目标并不一致时,将会产生糟糕的感觉。因此,没有必要监督自己的想法。只要提高自己的情绪感受能力,一旦感受到消极情绪,你就要明白,自己正在进行错误的创造。出现消极情绪的那一时刻,你正思考着不想要的事物,从而吸引了消极的事物。创造就是一种吸引的过程;当你思考一个想法时,你吸引了想法的主题。

当我容忍他人时,我不是在接纳

那么,这篇文章的前提就是:你已经明白,没有任何人会是你的威胁或正对你产生威胁。因为你是自身经历的支配者。**接纳的艺术**认为,**我正在展现自身的本来面貌,我也愿意接纳所有其他事物展现各自本色;**这条**法则**将带你走向完整的自由——

自由地经历任何不想要的事物，而不对它们产生消极反应。

当我们说成为**接纳者**是件好事时，很多人可能误解了我们的意思，你们也许认为**接纳**就意味着**容忍**。你将展现自己的本来面貌（在你们看来，就是合适的状态），你会允许每个人都展现各自本色，即使你并不喜欢他们。你会为此产生消极情绪；你会为他们感到遗憾；你甚至有可能害怕自己的本来面貌。但是，尽管如此，你还是会——以容忍的方式——对一切放任自流。

当你对事物**容忍**时，你不是在**接纳**。它们是完全不同的两回事。**容忍**会使人感受消极情绪。**接纳**不会使人感受消极情绪。这是一个非常大的区别，因为你也知道，只有远离消极情绪才能获得自由。当消极情绪出现时，你不可能体会到自由。

容忍也许看起来对别人有利，你并没有阻碍他们追求自己想要的东西。但是，容忍对**你自己**不利，因为当你容忍别人时，你仍然感受到消极情绪。因此，你仍然在消极地吸引。一旦成为**接纳者**，你将不再吸引这些不想要的事物，而且你将体验到绝对的自由和快乐。

我在寻求解决方式还是在观察现状

很多人会说："亚伯拉罕，你们是不是想让我们把头埋进沙子里？是不是要我们对有麻烦的人不管不顾？即使我们可能对人有所帮助，是不是也要放弃努力啊？"但我们认为，如果你打算有所帮助，那么就不要把目光集中在**麻烦**上，而要集中在**帮助**上，这是天壤之别。**当你寻求解决方式时，你会感受到积极情绪——而当你注视着麻烦时，你正感受到消极情绪。**

如果你知道别人想要什么，就可以通过你的言语和注意力，鼓励他们拥有自己想要的事物，这样就会带来很大帮助。但是，当你看到有人运气很背时，当你看到有人极度贫穷或者重病缠身时，如果你用可怜和同情的语气与他们说话，讨论他们不想要的事物，那么你将为此感受消极的情绪，因为你加重了不幸的情绪。当你谈论着对方不想要的事物时，你在帮助对方进行错误的创造，因为你增强了不想要的事物的思想振动。

如果你看到朋友正在忍受病痛的折磨，那么尽力想象他们康复以后的样子。注意，当你关注他们的疾病时，你会感觉很糟糕。但是，当你关注他们以后康复的状态时，你会感觉良好。通过关注他们的健康，你**接纳**了**内心世界**的联系，它此时也在盼望他们康复，而你的影响就可能有助于朋友的康复。当你与**内心世界**联系在一起时，你的影响力会强大得多。当然，你的朋友也可能更多地关注疾病而不是康复，从而导致一直生病。如果你受朋友影响，内心产生了消极情绪，那么你就更多地影响了不想要的事物，而不是影响想要的事物。

以我的健康幸福为榜样，激励他人

你不能用遗憾的语气激励别人。如果你对别人说——你所拥有的并不是自己想要的事物，这样做并不能激励他们。你应该有所不同，才能激励别人。用你自身作为榜样，展现你的力量和智慧，才能激励别人。当你很健康时，你能刺激别人对健康的渴望。当你很富有时，你能刺激别人对财富的渴望。以自身为榜样激励他人。用你内心的激情激励他人。当你自我感觉良好时，你就能鼓舞他人……当你自我感觉糟糕时，别人会受你影响而变得沮丧，从而增加消极创造。所以关注自我感觉，你就知道自己是不是在激励别人。

即使别人没有接纳你，你也愿意接纳他们；即使别人并不欣赏你的本来面貌，你也愿意保持自己的本来面貌；始终保持自己的本来面貌，而不对别人的看法产生消极情绪；做到以上这些之后，你才能达到**接纳**状态。当你明白哪些经历包含快乐，哪些经历缺少快乐时——坚持只参与快乐经历的原则——最终，你将达到**接纳**状态。

想要和需要之间的微妙区别

正如积极情绪与消极情绪往往难以分辨——**想要和需要之间的区别也非常微妙。**

当你关注**想要**的事物时，**内心世界**为你产生了积极情绪。当你关注**需要**的事物时，**内心世界**为你产生了消极情绪，因为此时你没有关注想要的事物。你正关注想要事物的**缺失**——而你的**内心世界**知道，你将吸引你所留意的事物。**内心世界**知道你并不想要这种缺失；**内心世界**知道你想要什么事物，它为你提供了指导，因此你才明白了这些区别。

关注解决方式会使你感受积极情绪。关注问题本身会使你感受消极情绪。尽管这些区别很微妙，但是非常重要。因为当你感受积极情绪时，你正在吸引想要的事物。当你感受消极情绪时，你正在吸引不想要的事物。

我能够有意、有目标并且快乐地进行创造

可以说，**接纳者**就是学会了**有意创造的法则**，并且能够不进行错误创造的人。他在有意、有目标并且快乐地进行创造。你应该知道，**满足**只有一种方式可以实现，那就是想要，然后接纳，然后接受。因此，在现实生活中，让你的想法紧紧维持在想要事物的方向上，让强大的**吸引力法则**为你服务，让越来越多与你一致的事件、情境和人物进入生活经历——然后，你的生活就会向着快乐和自由螺旋上升。

关于**接纳的艺术**，你们还有什么问题吗？

接纳的艺术是我的生活重心

杰瑞:亚伯拉罕,我确实有些问题要问。对我而言,**接纳的艺术**在所有话题之中最令我感到兴奋。

亚伯拉罕:接纳就是你今生所要传授的内容。但是,必须先理解它,你才能传授给别人。一般来讲,这个话题经常以下列方式出现:"某人正在做我不喜欢的事情,怎么才能让他们做我喜欢的事情呢?"而你必须了解:**与其让全世界人都做相同的事情,或者做你所喜欢的事情,不如自己承认,每个人都有权利成为、做出或者拥有他们想要的任何事物;而你,通过思想的力量,从中吸引与自己协调一致的事物。**

如何明辨是非

杰瑞:认识你们之前,我并不了解**接纳的艺术**。我过去判断对错的标准就是——如果我打算采取某种行动,我就会先设想如果每个人都这样做,那么全世界会有什么变化。然后,如果世界会变得更美好更快乐,那么我就会继续行动。如果**每个人**都这么做,世界就会变得让我呆不下去,可以说,如此一来,我就会拒绝采取这种行动。

我给你们举个例子。我过去常常喜欢在小河里钓鳟鱼，刚开始时我也像其他人一样捕鳟鱼。尽我所能地抓捕每一条鱼。但是考虑到这样做是对是错时，我开始变得有些不安，而我在心里想，**如果全世界人都这样捕鱼的话，那将会怎样啊？**在我的想象中，如果每个人都像我这样捕鱼，河里所有的鱼都会被捕得干干净净，那么其他人就无法享受捕鱼的巨大快乐了。带着这样的想法，我产生了一个新的决定，我不再**杀死**任何一条鱼。我(用无倒钩的诱饵)抓住它们，然后又把它们放生。换句话说，我使用的诱饵是没有倒钩的，我仅仅把鱼带出水面，而不像以前那样带回去给别人吃。

亚伯拉罕：不错。**我们所能提供的最大价值，就是自己做出的榜样。我们的言语能够成为榜样，我们的思想也能够成为榜样，显然地，我们的行动也能够成为榜样。但是，为了让世界更美好，对任何人而言，关键是为我们想要的事物做出更多清楚的决定——然后，努力完成目标。**

在你的例子中，你所做的事情正与我们现在传授的内容一致：一旦决定什么是你想要的，你的**内心世界**就会产生情绪，帮助你判断即将发生的事情是否合适。换而言之，一旦你决定让世界更加美好，一旦你决定增加鳟鱼数量而不是使它大量减少，那么即将采取或者预计采取的任何行动，若与那种意图不相一致，都会使你产生不安。

假设全世界人都做着你所思考的事情，这种设想为你产生了过分夸张的内心指导，你已经把自己的渴望——为了世界更美好——放大了。以这种方式刺激渴望还是不错的。但你不能真正希望所有人都这样做；你只能使用这种假设想法——如果人们都这样做的**假设想法**——来试探自己的内心感觉,看看这样做到底好不好。它倒是个不错的计划。

看到别人犯错时,我该怎么办

杰瑞:这样做很管用,因此钓鱼的日子带给我无限的欢乐。但是,当我看到别人糟蹋鱼或者杀鱼取乐时……或者不管什么理由,只要有人这么做,我仍然感受到不安。

亚伯拉罕:很好。现在我们讲到重点了。当**你**的行动与目标协调一致时,你感到快乐。但是,当**其他人**的行动与**你**的目标并不一致时,你无法感受到快乐。因此,你现在需要对其他人提出另一套看法。如下所示:**他们展现着自身本性,是自身经历的创造者,吸引着他们想要的事物;而我是自己生活经历的创造者,吸引着我自己想要的事物。这就是接纳的艺术**……在心中不断重复这种想法后,很快你就会认识到,他们并没有如你所想的那样完全搅乱你的世界。他们只是创造自己的世界。而对他们而言,也许并不是一个糟糕的世界。

如果你把自己的世界看成资源并不丰富……如果你开始思考一共有多少条鱼,或者思考现在有多少财富和资源,那么问题就来了。因为,你开始担心有人挥霍浪费,不给其他人留下足够资源,不给你留下足够资源。

如果你认识到这个宇宙——确切地说,你所在的现实环境,资源是极其丰富的——而且是无限丰富的——那么你将不再担心。你可以任由别人吸引和创造,而你只要关注**自己**的吸引和创造。

忽视不想要的就会接纳想要的吗

杰瑞：为了渡过一段困境，从一九七零年开始，在这以后的九年时间里，我完全切断了外界对我的主动联系。我关掉电视，关掉广播，不再阅读报纸，而且与许多人断绝联系，因为他们谈论的事情我不想听。但是，这个决定对我很管用。它如此管用，以至于接下来的九年时间里，无论在人际关系领域，在身体健康领域，还是在重要的财富发展领域，我自认为都收获了伟大的成功。这些成功一一实现时，仿佛以前的生活中什么事情也没有发生。但是，我以这种方式远离消极的影响，努力关注自己的目标，这样做倒真的更像是将头埋到沙子里，而不是你所说的**接纳**。

亚伯拉罕：关注重要的事物才能带来真正的好处。可以说，当你把头埋进沙子里，远离大部分的外界影响时，才能关注真正重要的事物。你也知道，当你留意任何事物时，都会吸引随之而来的力量、智慧和结果。关注重要的事物会为你带来满足，这种满足只有一种方式——想要，接纳和接受。

至于成为一个学会忽视的人，将头埋进沙子里，不付诸任何注意，不去成为一个**接纳者**，或许下面这些道理要比你所想的更适合一些……**把注意力留给对你而言真正重要的事物，允许其他人接纳各自的本来面貌。把你的注意力留给自己，同时让别人把注意力留给别人，这就是成为接纳者的一个重要过程。**

杰瑞：换句话说，因为我正预期（但我从来没有听过这种说法）**吸引力法则**和**有意创造的过程**会对我有效，所以我自动地转向了**接纳**的状态，可以这么说吗？

亚伯拉罕：很正确。你把注意力投向对你重要的事情，因此吸引了更多的相关内容，从而不再关注看电视、读报纸这类不太重要的事情。**这并不是放弃自己原本想要的事物，相反，在吸引力法则作用下，你正在吸引自己最想要的事物。**当你打开电视或者读报纸时，因为你并不想要它们，所以它们让你感受到消极情绪——你阻碍了自己对**真正**想要的事物的接纳。

我们都想要接纳快乐吗

杰瑞：是不是世界上所有人都在寻求理解**接纳的艺术**？或者，只有我们这些和你们对话的人想要得到这种理解？

亚伯拉罕：你们，地球上具有血肉之躯的所有人，在融入现实世界之前，就打算成为一名**接纳者**。但是，从现实生活看来，大多数人还远远不能理解它或者不想理解它；你们宁愿**控制**别人，而不愿意**接纳**别人。学会支配自己的想法并不难，但是，支配别人却是绝不可能的。

当别人正处于不幸时该怎么办呢

杰瑞：那么，我们所追求的**接纳**状态，是不是尽管看到周围有消极事物的存在，我们却仍然保持快乐？或者我们根本不能看见它们？还是我们不把它们视为消极了？

亚伯拉罕：全部都是。如果你一心一意地关注重要的事物，你不会去看电视，也不会去读报纸——而是享受你所做的事情。

你把注意力投向重要的事情，**吸引力法则**就会带来更多的力量和智慧。因此，其他人根本无法进入你的经历，因为这与你的目标不相符合。

如果你非常清楚想要的事物，你就不需要强迫自己保持思维的方向，因为，在吸引力法则作用下，它会自然地发生。因此，成为接纳者并不难。它来得如此轻松，因为，你不需要对所有即将发生的事情都产生兴趣。

电视提供了大量的有用信息，同时也给你提供了大量的无关信息。很多人喜欢看电视，却仅仅是因为电视机就摆在那里，没有别的选择。因此，通常情况下，看电视像**无知无觉**状态下的默认行动，不完全是**有意**行为。在这种非有意的状态下，在这种无主见的状态下，任何接近你的事物都能影响你，你正把自己暴露在这种危险境地。因此，毫不夸张地说，周围世界的各种想法开始对你狂轰滥炸，而你并没有决定**真正想要**思考的事物，所以，在思想的作用下，你接受了很多本来不会选择的事物。

无知无觉地默认创造是指：毫无目的地，被动留意某事……思考它，从此吸引它——不管它是你想要的还是不想要的。

我只要寻找想要的事物

杰瑞：亚伯拉罕，请告诉我，如果我意识到有人正在经历痛苦或者**消极**事物，那么，我该如何获得并维持我想要的**接纳**状态？

亚伯拉罕：我们建议你做出一个决定——无论你正在做什么，无论你正在与谁交流，无论你在哪里，你的主要目标都是自

动寻找你想要的事物。因为这是你的主要目标，所以在吸引力法则作用下，你将只会吸引这些想要的事物，而且你将只能看到这些你想看到的事物。

像善于选择的吸引者一样，做善于选择的筛选者

如果你的主要目标是吸引你所渴望的事物，你就会成为一个**善于选择的筛选者**。你也将成为一个善于选择的吸引者。你还将成为一个善于选择的关注者。刚开始，因为你从已有的想法和信念中获得了启动创造的动力，所以你仍然在吸引一些不喜欢的事物。不久以后，只要健康幸福成为你每天一开始的主要目标，在这种状态下持续三十到六十天，你就会开始注意到，在生活之中，已经没有多少你不喜欢的事物了——因为你的动力，你的思想，将会帮助你超越现状。

如果有人离你很近，正在做对你或对别人有害的事情，那么你很难成为一位**接纳者**。因此，你可能会说："亚伯拉罕，你说我能够在想象中远离它，通过我的想法我能够对付它，而且不需要采取什么行动，我却不明白你说的这些都是怎么做到的。"而我们要说，正是你的想法邀请了它们，你今天所过的生活正是以前思考的想法所导致的结果；好比你今天思考的想法，将会影响你的未来。你今天的想法正在提前铺设你的未来，时间一到，就会出现一个关键转折点，你就会转向**那个**未来的位置，**然后**你就会过着**现在**所思考的生活，正如今天的你正过着以前所思考的生活。

过去、现在和未来的统一

你一直在思考，且无法切断过去、现在和未来的联系，因为它们是全然相通的；通过思维的连续性，它们紧紧地联结在一起。比如说你走在大街上，突然遇上了打架——一个大个子强人正在痛打一个小个子，你走近一看，心里非常害怕。你心里想，**我还是眼不见为净，继续走我的路吧，就当这一切没有发生过**。这种想法让你感到非常难过，因为你并不希望小个子受到伤害。于是你又在想：**那么，我要管管这事，我得帮帮他**。但是，现在你仍然感觉糟糕，因为你不想自己被人揍扁，也不敢冒这个险。因此你说："亚伯拉罕，我该怎么办？"而我们会说，我们同意你的任何做法。在这个例子里，没有十全十美的选择——因为在你过去的生活里缺少提前的铺垫，所以此刻你不得不承担这种难以抉择的后果。

如果，在过去的每一天中，你都在有意地注意安全，有意地注意协调一致，并且有意地选择与目标一致的人交流，那么我们绝对可以保证，你现在就不会面临这种不安的局面。因此我们说，现在你选择任何方式处理它都无所谓。但是，从今天开始，只要你提出未来想要的想法，将来就不会让自己处于另一场不安的埋伏之中，就会远离那种令你无所适从的局面。

我必须接纳明显的不公正吗

除非你已经理解——正是你自己造成了现在面临的局面，

否则你很难接受**接纳**的思想,因为你所看到的世间万物,有很多是你并不喜欢的,你可能会说:“我怎么能够接纳这些不公正?”而我们会说,只要认识到它并不是你的生活经历,你就可以接纳它。而且,在大多数情况下,它真的与你没有一点关系。它不是你的任务。它是别人的创造;是别人所吸引的;是别人的经历。

与其试图支配所有人的经历(即使你再怎么努力也做不到),不如有意支配自己在这些经历中的参与程度。描绘出你想要经历的生活的清晰画面,你将提前为自己铺设一条顺利而愉快的道路。

我对不想要的事物的关注创造了更多的不想要的事物

你利用自己的思想进行吸引。无论你想要与否,你将获得你所思考的事物。因此,如果你注意一位不太礼貌的司机,你将吸引更多不礼貌的司机进入你的生活。在公务往来时,如果你关注一些工作人员的糟糕服务,那么你将开始吸引更多类似的经历。**注意力所指向的事物——尤其是唤起强烈情绪的注意力所指向的事物——正是进入你生活之中的事物。**

接纳的艺术能影响我的健康吗

杰瑞:亚伯拉罕,我想谈谈日常的生活经历。如果可以,能不能说说你们是如何看待**接纳的艺术**在这些具体情况下的运用?首先,就拿身体健康来说,我记得从小时候起,我多年患有一种极其严重的疾病。后来,我极力想要摆脱那种疾病,而从那时起,基本上我也获得了相当良好的健康状态。**接纳的艺术**如何适用于这样两种情况,从生病极其严重到完全健康?

亚伯拉罕:当你为想要的事物做出决定时,你已经完成了**有意创造**过程的一半。你已经提出了饱含情绪的想法,而这正是**想要的事物**所指。**有意创造**过程的另一半,是**接纳**或预期,要任其自然……因此,当你说**我想要,并且我接纳,因此它就能出现**时你会很快地创造出想要的任何事物。只要不排斥它,不把它与其他想法推开,你就能实实在在地**接纳**自己拥有它。

我们说过,当处于**接纳**的状态时,你不会产生消极情绪。**接纳**的状态能够免遭消极事物的影响。因此,当你提出想要某事物的有意目标,并且对此只感受到积极情绪时,那么你正处于**接纳**它的状态。然后,如你所愿,你将会拥有它。

为了拥有健康而远离疾病,你就必须思考健康。当你的身体患病时,你很容易关注疾病,因此需要愿望、关注、以及超越一切现状的意志力和眼光。只要想象一个未来更健康的身体,或者回忆你过去健康时候的身体,当前的想法就会与你的内心愿望一致,**然后**,你就会接纳健康状态的提升。关键就是寻找感觉更良好的想法。

接纳，从极度贫困到富有和成功

杰瑞：我想讨论的下一个主题是财富与成功。在我的童年，我生活一贫如洗，住过鸡舍、帐篷和山洞，如此等等。然后，在一九六五年，我发现了一本书，**《思考致富!》**，它带给我一个看待事物的不同角度，从那天开始，我的财富生活螺旋上升。从居住在大众巴士车里起家，到创造出六位数（十万）的年薪收入，然后，又是七位数（百万）的年薪收入。

亚伯拉罕：你认为，在你阅读那本书后，是什么促成了这种转变？

杰瑞：嗯，我印象最深的是，长大后，我还是第一次这么关心想要的事物，而不考虑其他。但是我想听听你对这种现象的看法。

亚伯拉罕：你已经理解了，你**可以**拥有自己想要的事物。生活一开始，这种欲望就已经形成，但是直到你阅读那本书，你才开始**相信**这是可能的。这本书导致你开始**接纳**愿望成为现实。

接纳，人际关系和自私的艺术

杰瑞：换一个话题，一个很大的话题，就是人际关系的话题。

有好几次，当我接纳朋友们拥有自己的想法和信念，甚至“不太合适”的行为时，我发现这太困难了。

亚伯拉罕：你认为**接纳**应该是什么样子？

杰瑞：我觉得他们的**思考**和**行为**应该符合我的观念。而如果他们不是这样，我会非常难受，并且常常生气。

亚伯拉罕：那么，当你观察他们所做的事情或者他们所说的内容时，你感受到消极的情绪——你的消极信号，表明你并非处于**接纳**的状态之中。

自私的艺术并非不道德吗

杰瑞：而我，在那个时候，认为自己非常无私并且乐于助人。换句话说，我从来不认为自己是个自私的人，因此我期望别人也能够不那么自私，能够更大方些。而事实上他们并非如此，这让我非常苦恼。然后我发现了戴维·奚伯雷[①]所著的书《**自私的艺术**》，它让我从另一个角度看待**自私**，由于这些新的观点，所以我很能理解自己的消极状态。

亚伯拉罕：你要接纳自己去注意你想要的事物，这很重要。有人把它叫作**自私**，他们以一种批判或者不赞成的态度对待自私。我们要告诉你，除非你对自我有一个健康的看法，除非你接纳自己想要的渴望，并且预期接受你想要的事物，否则，你将永

---

① 戴维·奚伯雷，美国心理学家、作家和大学讲师。在纽约作为一名咨询心理学家时，他出版了十五本著作。建立了心理学集权中心学校，是戴维·奚伯雷心理学学校的建立者和校长，也是奚伯雷成人教育学校的校长。《自私的艺术》是他一九三七年出版的作品。

远不能在创造中做到有意自如，而且永远不会拥有非常令人满意的生活经历。

对他人的不接纳往往源于对自我的不接纳。通常一个人对自身的某一特征很不喜欢时，就会注意到别人身上的同样特征，并且同样地不喜欢它。因此，接受、赞成、欣赏和接纳自我是接受、赞成、欣赏和接纳他人的第一步。而且，这样就意味着，你不必期待自己变得完美（以你的标准），或者期待别人变得完美（以别人的标准），因为永远不会有那样完美的状态——因为你们都是永远变化、不断成长的存在。也就是说，在自己身上寻找你想看到的特征，也在别人身上寻找你想看到的特征。

我们常常被人指责传授**自私**的理念，而且我们承认的确如此。你所感知的一切事物都是从**自我**的角度来感知的；如果你自私的程度还不够强烈，无法支持你与更渊博、更明智的**内心世界**保持联系或一致，那么你也就无法帮助别人了。要产生足够的自私来关心自身的感受，然后才可以利用你的**情绪指导系统**，保持与强大的**本质**能量协调一致，接着，任何有幸成为**你**关注对象的人，都会受到你的帮助。

别人对我的否定，是他们的缺失

如果有人不赞成你的某些特点，通常，你会追随他们的看法，认为他们正好说中了自己，然后总感觉哪些地方出错了。而我们想对你说，这不是**你**有所缺失，而是**他们**。正是由于**他们**无力成为**接纳者**，所以产生了消极情绪，而不是因为**你**的不完美。同样的方式，如果你看到别人身上有某些缺点，从而感受到消极情绪，这也不是**别人**有所缺失，而是**你自己**有所缺失。

因此，如果你作出决定，仅仅想看令你满意的事物，你就只能看到令你满意的事物，所有经历都会产生积极的情绪。因为，在**吸引力法则**作用下，你将吸引与想法一致的事物。明白情绪的力量之后，你就能够引导自己的想法，然后，不需要别人作出任何改变，你就能感觉良好。

但是，当有人侵犯别人的权利时，又该如何

杰瑞：过去有另一种情况令我非常不安，就是有关当事人的权利问题：财产权、领土权或者和平的权利。换句话说，当某人的权利被人以暴力或者强迫剥夺财产的方式侵犯时，我常常会极度困扰。领土权也让我头疼欲裂，有人被允许入境，有人不允许入境。为什么有些人被允许，而另一些人就不被许可呢？在认识你们之后，所有他们互相所做的事情，在我眼里，都已经变成他们所玩的"游戏"——他们彼此之间成文或者不成文的"约定"。我已经达到不再感受别人痛苦的境界了。但是，当我看到有人侵犯别人权利时，我能不能不产生任何消极情绪呢？我能不能只是看着他们彼此所做的事情，并且认为，**某种程度上，你们都在以自己选择的方式对待彼此呢？**

亚伯拉罕：你可以。只要理解每个人都是通过思想在进行吸引，你就会精神振奋而不会为别人感到痛苦。因为，每个人随着对想法的不同选择而收获了消极或积极的情绪。当然，大多数人并不明白自己是如何获得现在拥有的一切。而这就是为什么许多人都认为自己是受害者。因为不理解如何获得现在所得

到的事物，所以认为自己是受害者。他们并不明白，是自己通过思想或者注意力邀请了这些事物。每一种经历都是愿望的实现，认识到这一点对你很有帮助。

任何事物都不会短缺

你已经提到了**领土权**。比起现实世界的人们，我们有一个迥然不同的“领土”概念，毕竟，在现实世界，你们总是看到了有限性。你们认为只有如此拥挤的有限空间，并且最终会被人完全占据，因此你们才会感到不够。

在这种认为有限的态度下，在你感受到缺乏而不是丰富的情况下，在你注意到空间不足或者钱财不足或者健康不足的情况下，你才感觉有必要进行防备。从我们的观点看来，任何事物不仅不是有限的，反而永远富裕地存在着。任何事物足够让所有人使用。因此，只要你明白这些，任何感到有限、缺乏、需要保护或者维护领土主权的想法都不会出现。

由于**吸引力法则**的作用，我们吸引在一起。以超现实世界的视角来看，“亚伯拉罕大家庭”能够聚在一起，就是因为我们具有相同的本质——我们因为这种相同本质而互相吸引。因此，我们的大门永远敞开。不用将不一致的人拒之门外，因为我们的注意力不会投向不一致的人，他们也不会被吸引过来。你们也同样如此。即使你不如我们看得这么透彻，**法则**仍然会对你发挥影响，如同影响我们一样。尽管你们对任何事物都有非常详细的物理解释，这些解释也许部分正确，但它们并不完全。换而言之，当你指着水龙头和开关说——水就是这样产生的，我们认为,事情远远不是那么简单。因此,当你对我们解释说,世界上的侵略者都想把你拥有的一切夺走,我们会说他们做不到。除非你通过思想邀请他们,否则侵略者无法影响你的生活。这就是现实世界和超现实世界的**法则**。

牺牲生命有价值吗

杰瑞:是不是说,通过拥有这些生活经历,我们才能获得相应的教训?但是,当有人在暴力争斗中丧失生命时,他们也获得了教训吗?

亚伯拉罕:"教训"并不是别人给的。我们并不是很喜欢"教训"这个词语,它听起来就像你应该或者必须接受教训,而事实上并无此事。正是你的生活经历为你带来成长,让你通过这些经历变得更聪明、更渊博。

首先必须理解,你的所作所为正在充实一种比生命更伟大、更广泛的经历,然后你才有资格评价生命的意义和牺牲生命的意义。你现在生活中的一切事物,都是为了增加对那种更广泛经历的认识。因此,即使你放弃生命,所有经历过的事物,都将成为你更伟大认识的一部分。那么,甚至可以说,牺牲生命也是有意义的。并非毫无价值。

我正处于多次生命经历的顶峰

杰瑞:你们的意思是,牺牲生命也是一种经历,在某种程度上充实了更广大的内心世界?

亚伯拉罕:是的,确实如此。你们已经在很多场合下失去了肉体生命。你们已经活过了无数次的生命经历。所以你们才会如此热爱生命。我们无法统计你们拥有过的生命次数,更不用说每次生命经历的细节了;已经有多次经历表明,所有前世的记忆只会困扰和阻碍你现在的生活。因此,你决定出生后忘记以前的经历,为了不让前世的记忆分散你的精力。你拥有更美好的事物:你拥有**内心世界**,它是历次生命经历的顶峰。

正如你现在也处于生命的顶峰,因此谈论三岁、十岁或十二岁时的事物就没多少意义了。当然,正是由于那些经历,你才成为现在的状态……但是持续回顾过去和重复这些经历,并不会充实你现在的成长。

因此,要认识到自己是伟大而高度进化的存在,要对自己的情绪感受更敏感些,这样,在情绪的作用下,你才能享受**情绪指导系统**带来的好处——了解即将要做的事情是否合适。

你们是现实世界的存在,了解自己的身体,但是,大多数人并不了解更抽象的自我。身体是伟大而重要的,但是,它也是更抽象、更伟大、更睿智当然也更年长的内心世界的延伸。**内心世界**决定以这个身体生活,就是因为,它想以这段生命的经历,来充实更伟大、更抽象的**内心世界**的认识。

为什么我记不起前世的生活

在你出世之前就已经约定,抹去你的记忆——使人糊涂的、产生困惑的和起阻碍作用的记忆——所有以往经历的记忆。但是,你会拥有一种感觉,一种**指导**,来自内心世界的指导。经过约定，**指导**将以情绪的方式，也就是以你情绪感受的方式呈现。因为，当你正在思考一种想法时，**内心世界**无法同时对另一种想法进行回应，所以**内心世界**更愿意提供一种**感受**，在更远大更抽象的目标指导下，你可以随时知道自己的感受、言论或者做法是否合适。

每当你提出清醒的目标后，**内心世界**就会综合所有目标作为考虑因素。因此，只要你更加**有意**地提出想法，并且以**目标**的方式表现为“我想要，我打算，我预期”，**内心世界**就会综合所有这些因素，为你提供更清晰、更明确、更合适的**指导**。

许多现实世界的人，因为并不了解自己就是自身经历的创造者，所以没有提出有意的目标。他们任由自己接受即将发生的任何事物，而不明白自己就是这些事物的**吸引者**。在这种情况下，要做到**接纳**就更难了，因为你感觉自己是一个受害者。你觉得自己很容易受伤，你认为自己对即将发生的事情无法控制，因此你认为必须保护自己免受伤害，却不明白自己才是这些事情的邀请者。所以我们说，**理解你如何获得现在的一切才是关键，然后你才能接纳自己，才愿意接纳别人**。

当性爱变成暴力体验时该怎么办

杰瑞：有一个令人尴尬的领域，就是与性行为有关的经历。我现在已经能够接纳他人拥有自己的性取向，但是当有人在**任何**部位对另一人使用暴力时，我仍然感到不自在。我能不能再提升到另一种境界，无论别人做什么，无论别人使用暴力与否，都不能影响我的想法？

亚伯拉罕：无论是什么主题，都要明白并没有受害者，这一点很重要。只有共同创造者。

你们都像磁体一样吸引着自己思想的主题。因此，如果有人过多地留意，或者过多地谈论强奸，那么很有可能，他们通过自己的言语成为这种经历的“受害者”。因此，在**法则**的作用下，**你为自己招来了所留意事物的本质特点。**

当你带着情绪进行**留意**时，你便启动了创造，然后当你进行**预期**时，它便成为你的经历。因此，有很多人启动了创造，但是没有真正在经历之中收获创造成果，因为他们只完成了方程式的一半。他们通过留意，甚至是情绪性的留意，启动了它，但是，之后他们却没有**预期**，因此没有得到结果。对于**真正**想要的事物而言，事情就是如此；同样，这也适用于你**不**想要的事物。

围绕这种观点，我有什么预期

我们举过一个例子，关于看恐怖电影的例子。在电影里出现的声音和画面，刺激你产生了非常清晰生动的想法。你开始留意，通常还带着很大的情绪，你已经开启了电影情节的创造，但是，如果离开影院后，你说：“它只不过是场电影，这种事不会发生在我身上。”那么，你并没有完成**预期**的部分。

请注意，在社会上，任何一个话题出现得越多，公众的**预期**就越大。同样地，个体的**预期**越大，吸引它的可能性就越大。

不要对不想要的事物加以关注，这样它们就不会出现在生活之中。不要谈论不想要的事物，这样你就不会吸引它们。明白这些道理以后，即使你看到别人拥有不想要的经历，你也不会充满消极情绪，因为，他们会慢慢理解所有事物是如何发生在自己身上的。

现实生活中，如果亲眼目睹有人被强奸、被打劫或者被谋杀，没有人会感到快乐。这些并不是快乐的经历。但是，如果你明白自己如何吸引了这些事件，你将不再留意这些——**你将不再看到任何类似事件。**

你吸引了自己留意的事物。然而，电视的出现打乱了这一切。你打开电视后，本来打算娱乐一番的，而新闻主持人却给你带来突发事件的新闻快报，让你得知某些恐怖的事件正在发生。但是，无论你做什么，只要你只计划看那些想看的内容，那么在这件新闻快报播报之前，你就已经被别的事物吸引，离开电视了。

现在，我在提前铺设我的未来

当你在报纸杂志上读到某些文章，开始产生轻微的消极情绪时，你可以立即把它放到一边，不要继续阅读，不再接收更多的消极情绪，因为**吸引力法则**正在增加这个主题的分量。更进一步地讲，如果你现在打算仅仅吸引想要的事物，你打算提前进行铺垫，那么你未来的行动就可能有所变化了。你将不会被电视机所吸引。你将不会被报纸所吸引。相反，通过**吸引力法则**，你将被有意目标的主题所吸引。

许多人被非有意目标的主题所吸引，因为他们缺乏有意的目标。你还没有频繁地诉求**真正**想要的事物，所以你只能吸引所有事物中的**一部分**。对你想要的事物越有意，你就会进行更多的提前铺垫,如此,未来不想要的事物就更少。可以说,你将不会受到电视机的“突袭”,或者受到强盗的“埋伏”——因为宇宙将会为你预设完全不同的事物。

然而,无辜的小孩子为什么如此

杰瑞:亚伯拉罕,许多人能接受你们关于思想进行创造的基本假设。但是,有个难以自圆其说的地方,或者说对你的教导难以理解的地方,就是考虑到无辜的孩子。他们总会问:“但是这些孩子是怎么回事?小孩子怎么会有想法让自己产生畸形、身体疾病或者某种外力伤害?”

亚伯拉罕:因为这些孩子已经被有这些想法的大人包围了,因此接受了这些想法(的本质特点)。

杰瑞:有点像心灵感应的东西吗?

亚伯拉罕:对。你要知道,早在孩子开始说话之前,他就会思考了。但是你无法知道小孩子的思想有多么清晰,因为他还没有学会与你用言语交流。他还不会交流自己的想法。

杰瑞:小孩子并不是用**言语**思考的?原来如此,我知道了!小孩子早在他或她能够说话前就已经有了想法。

亚伯拉罕:从他进入你们的世界那天起,小孩子就**会**思考,而且也会接收你们振动性的想法。这就是为什么信念可以轻易地由父母传达给孩子,并且代代相传。即使不是通过你们的言语,小孩子也会从振动上接收你的恐惧和信念。**如果你想为你的孩子做最有意义的事情,那么就仅仅留意你想要的事物吧,你的孩子就会只接收到想要的想法。**

他们不需要履行约定吗

杰瑞:亚伯拉罕,关于**接纳**,一条古老的谚语不知不觉浮现在我的脑海:**人们有权利随心所欲地**(对我而言,这就是"接纳")**挥舞自己的双臂,只要他们不影响我挥舞双臂的权利,只要他们没有打到我的鼻子。**

换句话说,我好好地生活着,接纳其他人成为、做出或者拥有任何想要的事物。但是,如果生意上约好的事情发生变化,我们却不去要求别人遵守我们的约定,履行他们的责任,恐怕这是很难的,因为我们已经提前约定好了。

亚伯拉罕:只要你认定别人会妨碍你,或者认定别人会把双臂挥到你的脸上,那么你还是没有真正明白,为何正是你自己导致现在的局面。从今天开始,你可以仅仅思考自己想要的事物;从今天开始,仅仅吸引自己想要的事物。你的问题之所以发生,就是因为昨天或者过去的某天,你没有明白这点;通过你的思想,你邀请别人把双臂挥到你脸上。因此,现在,此时此刻,你才问:"对此我该怎么办?"

在生活中,如果有人充满威胁地挥舞着双臂,那么把你的注意力从他们身上移开,他们就会离你远远的,你就会注意到另一些令你感到舒服的人,他们与你协调一致。然而,通常发生的情况是,当别人挥舞着双臂时,当别人做着你不喜欢的事情时,你把注意力投向了他们。你对此更加生气,对此更加不快,而在**吸引力法则**的作用下,你吸引了更多类似的本质特点,直到它不止一次地出现在你的生活中;两次、三次甚至更多次……把你的注意力从不喜欢的事物上移开,关注**真正**令你满意的事物,然后,你将改变它的动力。虽然不是立竿见影,但是它会开始改变。

在接下来的三十天里,每一个清晨,你都可以用下面的话作为一天的开始:**无论我与谁一起工作,无论我与谁进行交谈,无论我在哪里,无论我正在做什么,我打算看到,我想要看到,我期望看到,……看到我想要看的事物。**那么,你将改变生活的动力。而且,所有现在让你不高兴的事物,将会从你的生活中消失,会被你**真正**想要的事物所取代。这是绝对会发生的。这就是**法则**。

永不结束

当我们说,从超现实世界的角度看,从你们进入现实世界之前的角度来看,成为一名**接纳者**和理解**接纳的艺术**正是你们的本来目标——的确如此。**我们想让你明白,你将永远不能结束创造。你并不是一张桌子,先想象出来,然后创造出来,然后完成结束。你将永远处于形成的状态中。你永远地处于成长的过程中。你永远都是活在当下。**

你们非常想要理解**宇宙的法则**,所以变得与它们协调一致。你们想要理解事物是如何发生在自己身上的,这样就不会误以为自己是受害者,也不会轻易被别人挥舞双臂之类的怪念头所伤害。

当你在两个世界之间过渡时:一个是明白我们在此谈论的法则之前,你已经创造的世界,另一个是你清楚地明白法则之后,正在创造的世界——对你来说,此时理解事物最困难。因此，过去提前铺设或者提前思考所产生的事物，仍然处在你的经历之中，与你现在**想要**的事物不能和谐共处。因此，我们明白，当你处于这个过渡阶段时，会有一些不适应。但是，只要你越来越清楚自己想要的事物，这种不适就会越来越少。过去的动力产生的大部分混乱，都在离你远去。

当你情绪正佳之时，只考虑自己所做、所思或所谈的事物，你就是在**接纳自己**。如果一边处于积极情绪之中，一边将自己的看法融入**别人**的经历，那你就在**接纳别人**。就是如此简单……因此，你无法一边产生消极情绪，一边又保持**接纳自己**的状态。

成为**接纳者**就是成为感受积极情绪的人，意味着支配自己的注意力。它并不是让世间万物服服帖帖地俯首称臣，让所有事情和所有人都变成你想要的样子。它意味着在宇宙中，在你的世界里，在你的朋友中间，只选择关注其中与你协调一致的事物，同时忽视其他的事物——不吸引也不邀请它们。这就是**接纳的艺术**。

朋友们，**接纳**是在你们长期不断的努力和完善下，才能达到的一种最辉煌最灿烂的存在状态。一旦成为**接纳者**，你们将一直螺旋上升，没有消极情绪破坏你们的平衡，使你们下降。接纳的摇摆没有倒退的摆动。你们将永远光辉灿烂地前进和向上。

第五部分 阶段计划

美妙的阶段计划过程

杰瑞：亚伯拉罕，在我看来，**吸引力法则**，**有意创造的科学**和**接纳的艺术**，再加上接下来的**阶段计划过程**，似乎共同组成一道完整的秘方，揭示了创造事物的一般规律。请为我们谈谈**阶段计划过程**。

亚伯拉罕：你是自身经历的创造者，一旦明白这点，你就会更加渴望清晰地辨认出自己想要的事物，从而在生活中接纳它。因为，只有停下手中的事情，先确认自己真正想要的事物，才能进行**有意创造**。

在生活经历的各个阶段，你不会都想要同样的事物。实际上，就是每一天，也可以分成许多阶段，每一阶段包含着各自不同的目标。因此，你可以在一天中多次地停下脚步，先确认自己最想要的事物，然后再采取行动；这篇**阶段计划**的要点，就是帮助你理解这种做法的意义。惟有如此，你才能突出重点，并因此吸引更多的力量。

你现在思考的事物，很少当时就能立竿见影地产生结果。但是，无论何时，只要你在进入下一阶段前停下脚步，确认自己在这一阶段里想要得到什么，那么，你提出的想法就会开始发挥作用，为你未来进入相似阶段的经历提前做好铺垫。

比如说，当你独自一人开车时，至于构思与某人的对话内容，或者准备倾听别人的谈话内容就不是头等重要的目标了。

而注意安全、希望路面畅通无阻、希望自己精神抖擞地准时到达目的地等，就成为你出行计划里首要安排的目标。进入开车状态时会产生一个**阶段目标**，对此目标的确认不仅仅影响**这个**阶段，还能提前铺设你的未来。在未来任何时间里，只要你钻进汽车，你所确定的相关条件就已经提前安排好了或者创造好了。

刚开始时，即使你每一阶段都认真确认自己想要的事物，也许仍然要遭受以前提出的想法所产生的干扰。但是，只要你坚持一段时间，不久就可以提前铺设一条自己喜欢的道路。然后，不需要采取过多的行动，事情就可以按照你需要的方式发展。

阶段计划迈向成功

严格地讲，所有的创造力都来自现在。但是，它不仅仅能用于指导现在，还能用于规划你的未来。因此，只要你愿意不断地停下来思考，确认在此阶段想要的事物，你未来的道路就会更宽阔、更清晰并且更加壮丽，每一阶段都会变得越来越美好。

本篇文章的目的，是为需要的人们提供一套完整可行的办法，用以快速地实践基本的**宇宙法则**，从而完全、有意地支配生活经历。有些人认为这是夸夸其谈，因为大多数人似乎并不能支配自己的生活经历，而我们要说：你自己能行！

希望你们确切理解自己如何吸引了现在所得的一切——除非通过自己的思想进行邀请，否则任何事物无法进入你的生活。如果**你**回顾自己的生活经历，审视**你**所谈论的事物、**你**所思考的事物与**你**所得到的事物之间的对应关系，那么你将清楚地发现，你就是自己经历的邀请者、吸引者和创造者。

现在就是最好的时机

这是一个精彩的时代,这是一个技术高度发达的社会,思想的碰撞发生在世界的每一个角落。获取信息变得极为便利,因而为你们的发展提供无穷的机遇,但是这也可能带来无限的困惑。

如果只关注一个范围狭窄的主题,你就可以更清晰地了解该主题的本质;如果关注的主题过多,思维往往产生混乱。你们的天性善于吸纳观点,而思维过程又非常迅速;当你仅仅考虑一个主题时,便可以借助**吸引力法则**的力量,产生越来越明晰的理解,直到不折不扣地完成该主题的创造。但是,大千世界的思想启示五花八门,很少有人能够对任何单一的主题保持长时间的关注,不断进行深入研究。大多数人涉猎广泛以致精力分散,从而没有把任何一种思想发展到伟大的程度。

阶段计划的目标与价值

因此,**阶段计划**就是针对当前真实想要的事物进行有意确认的过程。拨开现实生活的重重迷雾,寻找你当前最想要的事物,只要明确了自己的目标,就已经完成阶段计划。只要你愿意花时间确认自己的**目标**，就能从宇宙中获得巨大的力量，并把所有的力量都注入现在这一伟大的时刻。

要知道你的想法是有磁力的。（确实如此，宇宙内的一切事物都是有磁力的，相似的事物互相吸引。）因此，无论何时，即使你正在思考或者关注一点小小的消极思想，通过**吸引力法则**的作用——它都会变得越来越大。如果你正感受到特别失望或者悲伤，那么你会发现自己正在吸引相似感受的人们，因为你的**情绪感受**就是你的**吸引力焦点**。因此，如果你**不高兴**，你将吸引更多让你不高兴的事物。反之，如果你**感觉良好**，你将吸引更多美好的事物。

下列生活经历都是你自己吸引或者邀请而来的：跟什么人打交道；交通路段中遇到什么人；购物时偶遇的人；散步时偶遇的人；与别人讨论的话题；餐厅侍者招待你的方式；餐厅分派给你的侍者；流入口袋里的钱财；你的外表和健康状况；约会的对象（这份列表可以一直列下去，直到包括你生活中的一切事物）——一定要理解你**现在**的力量，它意义重大。**阶段计划过程**的要点，就是在你生活的某一特定阶段，确认对你而言最重要的生活要素，然后把想法清楚地指向想要经历的事物。

当我们说**"你是生活经历的创造者"**和**"没有任何事物是不请自来的"**，有时候人们并不认同。很多人的生活中拥有自己不想要的事物。因此，你们会说："亚伯拉罕，我可没有创造我不想要的事物。"我们承认，你的确没有故意创造它们，但是并不代表你没有做过这事。因为，正是通过你的想法——只有在**你**的想法作用下——你才能获得现在的一切。你是自己经历的创造者，如果你不打算接受这点，这里提供的一切知识就对你毫无意义了。

吸引力法则时刻影响着你，无论你是否清醒地意识到它；**阶段计划**却能够帮助你更清醒地意识到想法的力量，因为，只要你有意地运用阶段计划，就会有更多的生活细节反映出你的**有意目标**。

大千世界有太多的思想启示

社会产生了太多的思想启示，如果你敞开心扉对此全盘接收，你很可能会吸引更多的想法，因此也吸引了更多的环境和事件，以至于根本没有时间也没有精力去处理它们。

你只需要花一个小时，把自己暴露在媒体的传播环境下，就会有海量的信息向你汹涌袭来。毫无疑问，你常常发现自己完全被淹没到窒息；已经有很多人完全关闭了这些媒体，不再理会这些信息的骚扰，因为它们来得太快，来得太多了。

阶段计划过程可以为你提供一个良好的解决方式。当你阅读这些文字的时候，你的困惑已经被一种绝对明晰所取代；那种失控的感觉已经消失，你将重新获得生活的主动权；对于大多数人来说，压抑窒息的感觉不见了，取而代之以快速前进所产生的灿烂辉煌与活力四射。

困惑往往由于你同时考虑的事物太多，而明晰是因为思想更加集中——并且都是吸引力法则引起的。当你对任何主题提出某一想法时，**吸引力法则**都会立即发挥作用，为你带来更多与主题相关的思想启示。当你从一个想法转换到另一个想法，在不同想法之间不断穿梭时，**吸引力法则**为你吸引了更多的相关想法。这就是你常常感到被淹没到透不过气来的原因，在**吸引力法则**的作用下，你已经吸引了大量的主题。

有时候，这些信息来自你的过去；有时候，它们可能来自你最亲密的人；但是最终的结果完全一样：你考虑了太多的事物，以至于无法前进到任何一个特定的方向——而结果当然就是产生挫败感，产生困惑。

从困惑到明晰再到有意创造

只要你选择任何一个重要的主题进行思考，**法则**、**宇宙**都会为你传递更多相关的特定想法。但是并非来自各种方向的想法——甚至冲突或相反的方向——只有与你所提出的主题协调一致的想法。所以这是一种明晰的感觉，而比这种明晰感觉更重要的是，你理解自己正在向前进行创造。**如果你同时考虑许多主题，一般来讲，你并没有朝着任何一个方向有力地前进，因为你的关注和力量都是分散的；相反，任何时刻如果你只关注最重要的事物，那么你将更有力地向着这个方向前进。**

将我的时间细分成有目标的阶段

你现在所处的状态，你现在清醒地察觉到的现状——就是**阶段**。你的一天可以分成许多阶段，世界上没有哪两个人能够拥有完全相同的两个阶段。今天的阶段可能与明天的阶段有所不同，但是所有阶段都是很好的。僵化不变的阶段安排没有必要。重要的是，当你从一个阶段转入另一阶段时要进行确认，保证你的目标也在进行相应的转变。

举个例子，当你早晨醒来时——你进入了一个新的阶段。从醒来到下床之前——这段时间是一个阶段……你正准备参加下一个活动——这段时间又是一个阶段……当你坐进汽车里——这又是另一个阶段，如此等等。

无论何时，当你意识到正在进入一个新的阶段时，暂停一小会儿，大声地声明，或者在心里默想，进入那个阶段后你最想要的是什么。那么，在**吸引力法则**作用下，你开始从别人身上获取与你的目标协调一致的想法、环境、事件甚至对话和行动。

如果你意识到自己正在进入一个新的阶段，先确认现在的主要目标，然后进一步发展下去，那么，你就不会接受别人的影响而产生困惑，也能避免自己毫无目标的思维习惯所产生的困惑。

我在进行多层次的操作和创造

生活中的每一个阶段，你都在进行多层次的操作。有些事情是你在阶段里**做出的**（做出就是有力的创造），有些事情是你在阶段里**谈论的**（谈论就是有力的创造），还有些事情是你在阶段里**思考的**（思考也是有力的创造）。而且，在每个阶段之中，你也许正在考虑**现在**发生了什么；你也许正在考虑**过去**已经发生了什么；你也许正在考虑**未来**究竟会发生些什么。

当你思考未来想要什么时，你就开始吸引未来想要的事物的本质。但是，因为你现在还没有为此做好充分准备，所以它暂时不太可能出现——但是它会开始向前发展。而当你向未来的状态迈进时，你所留意的事件和环境也正在如此。

现在思考的想法正在预设我的未来

下面就是我们提到的**预设**过程：现在，你正思考着你的未来，而当你进入未来的时候，你的未来已经——被你或者为你——**预设**妥当，并且准备妥当；所以说，你今天所经历的大部分事物，都是昨天的你对今天思考的结果，以及前天、去年、前年……思考所产生的结果。

你思考的每一种想法都是指向未来你想要的事物，这样才能对你有利。否则，若你思考的每一种想法都是关于未来你不想要的事物，这样就对你不利。

当你思考活力和健康时——想要它和盼望它进入你的未来——你正在为自己提前进行铺垫和准备。当你害怕体质下降或者担心疾病时，你也在为自己的未来提前准备**这些事物**。

无论你是立足于**现在**，思考着**现在**的情况，还是立足于**现在**，思考着你的未来，**阶段计划**都对你很有帮助。因为，上述两种状况下，你都在有意地进行创造。而这就是**阶段计划过程**的要点。无论你正在计划做某事还是说某事，或者无论你是否在提前铺设你的未来，只要带着目标去做它，都将对你很有帮助。

当你钻进汽车时，如果你提出旅途平安的有意目标，那么你正在吸引这些目标，并为你带来了安全的行车环境。当然，如果此前的多次旅行中你就在这样做……如果在过去，当你预设未来时，你就想要平安并且盼望平安，那么这些提前提出的目标就已经开始铺设你的未来，你的**阶段计划**也会不折不扣地实现这种目标并不断地增强它的力量。

要么提前铺设生活，要么不知不觉地生活

如果在阶段之中，你既没有提前进行铺垫，也没有有意地进行规划，那么你就在不知不觉地生活，因此你可能陷入困惑，或者受到别人目标的影响。

两个人开着不同的汽车，同时到达同一个地点而发生相撞——他们是两个都没有做好安全计划的人。他们都在不知不觉地生活着，现在终于在困惑中互相吸引在一起。

如果你想要并且盼望接受目标的主题，那么它就会实现。但是，如果你不花时间思考你想要的事物，就会接受其他人影响或者接受自己旧习惯的影响，而吸引所有可能想要也可能不想要的事物。我们承认，你偶尔不知不觉地吸引了某些事物，它可能就是你**真正**喜欢的事物，也有可能是你**不**喜欢的事物。但是，不知不觉状态下进行的吸引并没有多大的满足感。生活的真正乐趣在于**有意创造**。

当情绪流露时，我正在吸引

现在，**有意创造**的关键到了：要明白自己就是一块磁体，能够在任何时候以**情绪感受**的方式进行吸引。如果你**感受**到快乐，你就能吸引快乐的环境。如果你**感受**到健康，你就能吸引健

康的环境。如果你**感受**到富有，你就能吸引带来财富的环境。如果你**感受**到被爱，你就能吸引爱的产生。**的确如此，情绪感受的方式就是你的吸引力焦点**。因此，**阶段计划**的价值，就在于每天多次地停顿，心里默念：**在这个阶段里我想要的是……我想要它，盼望它发生**。然后当你开始思考这些有力的想法后，你就能成为我们所说的**善于选择的筛选者**，而且会吸引更多想要的事物。

你也知道，这个宇宙——你们生活的世界里——充满了各种各样的事物。有些事物你很喜欢，正如有些事物你不喜欢一样。但是，所有进入你生活经历的事物，仅仅是由于你通过思想邀请了它们。因此，如果你能在一天中多次地停顿下来，花点时间确认一下自己想要的事物，并且默想你的愿望和预期，那么你就能支配自己的生活经历。你将不再成为"受害者"（根本就没有这种事物），你将不再成为无意的吸引者或者不知不觉的吸引者。如果你开始把时间分成各个阶段，在一天中多次确认自己真正想要的事物，那么你就是**有意的吸引者**。这是一种非常快乐的经历。

我现在想要什么

阶段计划如此有效，就是因为当前有太多的选择；如果想要同时考虑所有选择，那么你将无从下手，继而陷入困惑。分阶段进行不同的计划，就可以用更多的精力关注更少的细节，**吸引力法则**也可以产生更为强烈的反应；而且减少了怀疑、担忧和关注缺失等矛盾想法，不让事情变得更加混乱。

比如，电话响起，你接起来说："早上好。"然后听出对方是谁，你要说："你好，请稍等一下。"然后心里默想：**在接下来的对话中我最想要的事物是什么？我想鼓励别人。我想被人理解。我想要其他人理解我。我想让其他人受到我想要的积极影响。我想要别人受到启发并且对我的谈话感到兴奋。确实如此，我想要确保这次对话成功。**一旦花时间进行这番默想，对方的回应将会与你的愿望更加一致。

当别人打电话进来时，他们知道**自己**想要什么。因此，你必须先花时间确认什么是**你自己**想要的。否则，在他们的影响下，他们可以得到想要的事物——而你未必能够得到自己想要的。

如果你同时想要很多东西，就会增加混乱的程度。但是，只要你在任何时刻都牢牢关注想要事物的最重要**细节**，就能产生力量和速度。而这就是**阶段计划过程**的要点：每当你进入一个新的阶段，停下来确认自己最想要的事物，然后把注意力投向它，为它吸引力量。

有些人可能在一天的某些阶段能够集中精力，但是很少有人在每天的大部分阶段都保持集中注意力。因此，对大多数人来说，只要确认每个阶段的任务，为阶段当中最重要的主题作出计划，就能在每一个阶段中，成为有意的、有磁力的吸引者或创造者。你将发现自己不仅仅更有创造力，而且更快乐。因为只要你一心一意地作出计划，然后接纳它并收获相应成果，就能获得巨大的满足。

人们不断地寻求发展。当你正在进步时，你是最快乐的。然而，当你感到停滞不前时，你就失去了最大的快乐。

示例:阶段计划的一天

这里要举一个一天生活的例子。在这个例子中,你不仅仅要意识到每一个新的阶段,而且要为每个阶段提出你的有意目标。

比如在头一天结束的时候,临睡前,你开始了阶段计划。你认识到进入睡眠状态是生活中一个新的阶段。因此,当你挨着枕头躺下来,准备睡觉时,就要开始提出你的目标:**我的目标就是要让全身完全地放松。我的目标就是要在好好休息过后神清气爽地醒来,然后迫不及待地展开新的一天。**

第二天早晨,一睁开双眼,你就要知道自己已经进入一个新的阶段,从你躺在被窝里到下床之后这段时间是一个阶段。为这段时间提出你的目标:**躺在被窝里,我正勾勒着今天的清晰画面。我打算精神抖擞、兴高采烈地度过这一天。**然后在被窝里,想象着接下来的一天即将拥有的焕然一新和生气勃勃。

起床后,你就进入了生活中的另一个阶段。这可能是你为自己梳妆打扮的阶段。那么,当你正刷牙洗澡时,这样设定你的目标:**我要感谢自己健康的身体,感谢它极佳的工作状态。我要干净利落地修饰一下外表,让自己看起来最棒。**

当你准备早餐时,这个阶段的目标就是:**我要干脆利落地挑选食物,做好这顿美妙而富有营养的早餐。我很放松、很快乐地享受早餐,接纳我健康的身体完美地消化吸收。此刻我将选择对身体最有益的食物。这些食物将为我补充能量,使我容光焕发。**提出这些目标之后,你就会发现,当你享用这些食物时,你会感到精力得以恢复，能量得到补充，全身充满活力。提出这些目标之后，你能更好地享受这些食物带来的满足感。

当你开车准备前往目的地时，安全驾驶就是这一阶段的目标。开车时要感受到精力充沛和心情愉快，并且要注意别的司机是否目标明确，保证你畅通无阻地通过所有路程——安全而快捷。

当你下车后，你就已经进入了另一个新的阶段。因此，暂停一下，想象自己从现在所站的位置走到要去的地方。走路时要自我感觉良好；每一步的移动都要干净利落、自然大方。感受身体活力的同时努力做深呼吸，努力感受思维的明晰，并为你即将进入的下一阶段提出想象和目标。想象你与员工或者老板打招呼……要相信自己可以鼓舞别人，准备好微笑。要明白，虽然不是你所遇到的每个人都能有意地进行计划，但是只要通过你的有意计划，你就可以支配自己的生活，而且你不会陷入别人的困惑、目标和影响之中。

当你体验完一天的阶段计划生活之后，你就会明白计划安排的能量和动力，你会发现自己斗志昂扬，战无不胜。只要你一直相信自己能够创造性地支配生活，那么，没有任何人是你不能影响的，没有任何事情是你无法完成的，没有任何事物是你无法拥有的。

为了阶段计划，随身带一个小本子吧

当然，你的生活阶段不会正好如我们提供的那些一样，也不会天天都相同。用不了几天，你就能轻易地确认每个新的阶段，并找到当时最想要的事物;不久以后,你就能清晰地预期每个阶段产生好结果。

也许有人发现这样做更加方便有效:随身携带一个小本子,在本子上写下你的计划,这样就可以随时停下来对每一阶段进行确认。因为把东西写在纸上是你最强烈的关注焦点,所以在进行**阶段计划过程**中,你就会发现这个小本子非常管用。

关于**阶段计划**这个主题,你们有哪些问题要问我们呢?

没有特定目标需要实现吗

杰瑞:亚伯拉罕,对我而言,**阶段计划**几乎是一个理想的工具,我可以把**吸引力法则**,**有意创造的科学**和**接纳的艺术**及时地融入其中加以应用(和实现)。换句话说,只要把**阶段计划过程**与我们现在对这些**法则**清醒的认识(在你们的教导下已经澄清了这些法则)迅速地联系起来,每个人都能够迅速地发现,自己的想法如何影响身边出现的事物。

我一直将**阶段计划**等同于计划一系列的小目标(或意图),而且我们几乎可以立刻清醒地经历它们的实现。这就让我产生下一个问题:难道就没有一个基本而全面的目标(或意图)需要我们在现实生活中完成吗?

亚伯拉罕:有的。正如**阶段计划**是离你当前的生活最接近的目标,而你融入现实世界时所带来的目标,可以说是它的另一种表现形式。换而言之,此时此地你心中计划想要的事物,正受到你出生之前所产生想法的影响。当你从内心的、抽象的世界融入现实世界时,你本来是有个计划的,但是,来到现实世界以后，清醒意识下所产生的计划就占据主导优势了。

你并不是一个玩偶，表演着早已安排好的内容。在任何时候，你都可以选择，可以用发展的眼光来决定什么对自己最合适；**你已经比刚刚融入世界之时成长了许多——因为生活经历已经开阔了你的眼界。**

快乐的目标就足够了吗

杰瑞：可是，我并不是很清楚这些特定的、个人的和全面的目标是什么，难道还有什么比仅仅把快乐作为目标更重要的吗？

亚伯拉罕：当你内心流露出这种想法时，你已经在无意中明白了自己的计划。换而言之，你说："因为我不清楚这些特定的、个人的和全面的目标是什么。"你不知道这些特定的目标是什么，是因为从来没有什么特定的目标。**在你出生前，你有些大概的目标，比如要快乐，要成为激励者，要持续的成长……但是用以实现这些目标的特定方法或手段，取决于你此时此地的决定。在这个时候，你是创造者。**

如何认识到我们正在成长

杰瑞：现在谈谈你们提到的目标：**成长**。如何才能知道我们正在成长？

亚伯拉罕：因为你们一直寻求成长，所以无论何时，只要你认识到自己在成长，就会产生积极情绪。而只要你感到停滞不前，就会产生消极情绪。你也知道，对于内心世界的抽象想法或者意图，你未必产生过清醒的认识——但是你们的确交流过。**现实世界的所有人都在以情绪的形式与内心世界进行交流，因此，无论何时，只要你产生了积极情绪，你就知道自己与内心世界的目标协调一致。**

关于成功,有没有令人信服的衡量标准

杰瑞:那么,亚伯拉罕,从超现实世界的角度来看,我们在此所做的事情中,有什么能够作为衡量成功的有效标准呢?

亚伯拉罕:你们有很多方式衡量成功。在物质社会里,美元是成功的一种衡量标准。胜利奖品是成功的一种标准——但是在我们看来,内心的积极情绪是否存在,是衡量成功的最好标准。

阶段计划能让事物加速呈现吗

杰瑞:那么,**阶段计划**过程不仅能让我们快速获得想要的事物,还能让实现目标的过程变得更快乐,更加容易掌握(因此更容易成功)。是这样的吗?

亚伯拉罕:当你有意识地提出目标之后,肯定会让实现目标的过程"更加容易掌握"。你也可以不对自己想要的事物做出决定,那么,在混乱中你对每样事物都吸引了一点点;在这样的吸引中,既包括你喜欢的事物也包括你不喜欢的事物。**阶段计划过程**的要点,就是一直吸引你有意想要的事物。你不会再进行不知不觉的创造,也不会再吸引不想要的事物。

你说它能够让事物快速实现,你说对了,因为正是你的智慧加快了实现过程。当然,你倒垃圾时(或者无论你做什么事情)也是在进行创造,但是,除非你的想法已经产生了情绪,否则无法借助宇宙的力量。当情绪涌现时——无论是积极的还是消极的——你都已经获得了宇宙的力量。

如果你真的非常想要某事物,那么它就会很快来到你身边。如果你真的非常不想要某事物,它也会很快来到你身边。阶段计划的主旨就是提出你想要的想法,专心致志地思考它,直到产生情绪。你的明晰程度决定了事物呈现的速度。

冥想、工作坊和阶段计划过程

杰瑞:请允许我澄清一些相关术语。有三种不同的过程。一个是你们所谓的**阶段计划**,另一个是你们所谓的**工作坊**,还有一个你们也时常提到过,是其他人所谓的**冥想**。你们能澄清这三个方法的区别与各自的用意吗?

亚伯拉罕:每一个方法都有不同的目标。所以,你的问题正好符合了我们的主题——**阶段计划**;当你即将采用三个方法的任何一种时,最好先知道**为什么**要进入这种状态,以及**盼望**接受什么。

你所说的**冥想**过程,是为了感受**内心世界**,有意让自己清醒的思维过程平静下来的阶段。这段时间是分散自己对现实世界的注意力,或者脱离现实世界的感受,这样就可以体验到超越现实世界的感觉。这种脱离可以有不同的原因,但最重要的是,在进入这一阶段后,你要确认自己为什么要这样做。你进入**冥想**

阶段的理由,有可能只是单纯地想要逃离这个混沌而烦恼的世界。你想要用一些时间重新调整自己。而**我们**所鼓励进行的**冥想**,是为了打开现实世界与内心世界的通道,让**内心世界**的**你**与现实世界的你融合在一起。**冥想是在清醒意识下对现实世界撤消关注,将注意力调整至与内心世界一致。**

而**工作坊过程**这个阶段,就是计划想要事物的细节并予以特定和精确的关注,然后利用**吸引力法则**澄清思想。换而言之,你非常明确地想要产生愿望,以致于吸引了宇宙的力量来加速你的创造。在**工作坊**里,你把自己的想法指向特定的愿望,把此刻的想法调整到与生活中确认的愿望一致。**在现实世界里,除非首先经过思考创造出一段经历,否则你无法在现实中拥有这段经历。因此,工作坊就是你产生有意想法的地方,就是你开始对想要的事物进行有意吸引的地方。**

阶段计划过程,就是认识到自己正在进入一个新的阶段,与上一个阶段计划有所不同,然后停顿一下,确认自己现在想要什么。阶段计划过程,就是用来消除**有意创造**的主要障碍:消除别人的不同目标带来的影响,消除自己的旧习惯产生的影响。

如何清醒地感受快乐

杰瑞:你们建议在开始计划之前先获得快乐。那么能不能为我们提供一些方法,帮助我们清醒地产生快乐感觉,或者产生积极的情绪感受?

亚伯拉罕:在此之前,我们想要特别指出快乐的巨大价值。你就像磁体一样,而你的感受方式就是你的**吸引力焦点**。因此,如果你感受到不快乐，如果你留意不想要的事物（就是**感觉**不快乐的事物），那么你会吸引更多不想要的事物。**快乐具有巨大的价值，因为只有快乐才能使你吸引想要的事物，而这也是你最自然的存在状态。如果你不接纳自己变得快乐，那么你就远离了真实的自己。**

当你觉得自己此刻很快乐时，用心想一想是什么事物的出现导致你感到快乐。很多人也许正在聆听悦耳的音乐。有些人可能正在逗猫，或者散步，或者是谈情说爱，或者与小孩子玩耍。有些人可能正在阅读书中的某一段落；还有些人则是在给爱搞笑的朋友打电话……有很多方式可以产生快乐。

寻找不同的快乐方式来激励自己，这样就可以保证持续不断的快乐感受。**写下曾经激励你的事物，然后记住；如果你以后特别需要激励，就用它来作为你快乐的试金石。**

但是周围的人不快乐怎么办

杰瑞：你们说过，我们几乎在所有情况下都可以感受快乐。但是，当我们看到有人正在经历极度的消极状态时，我们该如何保持快乐呢？

亚伯拉罕：你只能在留意想要的事物时感受快乐。因此，如果你仅仅对想要的事物进行清晰而强烈的关注，那么你才能在所有情况下都快乐。

杰瑞：但是，有些人总会做出或者说出一些使你感觉不舒服的事情，而你必须和他们呆在一起，并且你还要试图取悦他们，因为如果你不这样做，就会感到内疚，这该怎么办？在这种情况下，我们该如何变得快乐？

亚伯拉罕：的确如此。如果你被不快乐的人所包围，或者他们想要的事物与你想给他们的事物有所不同，那么想要保持快乐就更困难了。当我们与现实世界的人们交流时，我们注意到，你可能只有五至十分钟的不愉快经历，然而你的消极情绪并不只在这几分钟的消极经历**之中**，更多是在这经历**之后**——在你反复思量仔细咀嚼它的几个小时里。**通常，你用来反复思考消极事物的时间，远远多于它真正发生所用的时间。**

在你独处的时候，如果能够只关注想要思考的事物，那么你的消极情绪大部分都能得以消除。这样的话，即使你真正被人骚扰，被一些短暂的相遇、生活中的细枝末节所骚扰，你也不会那么在意它们。不久，因为你心中的这些想法已经不再活跃，**吸引力法则**就不再为你吸引这些经历。

我能为不期而遇的打扰进行阶段计划吗

杰瑞：那么，让我们考虑一种情况，如果有人真正想要实现一种向前的有序发展，但是他们的计划常常被**不期而遇的打扰**转移方向。在这种情况下，应该使用怎样的**阶段计划**呢？

亚伯拉罕：当然，随着你的**阶段计划**变得更加周详清晰，随着你对阶段计划的灵活运用，你将自动地远离那些打扰。由于你过去缺少**阶段计划**，所以你一直都在鼓励产生这些打扰。

如果你想象着自由自在、平坦顺利的生活，以此开始新的一天，那么你就已经消除了一些打扰。对于那些真正出现的打扰，你可以一阶段一阶段地处理它们，只要在打扰刚开始出现时简单地说：**它很快就会过去，不会阻断我的思绪。我不会失去已经产生的动力。我会快速而有效率地处理好它，并且我将继续一直所做的事情。**

阶段计划能够增加我的可用时间吗

杰瑞：几年来我一直在说，**我希望能够化身为无数个自己，这样就能够体验所有的美妙事物了。**有没有一种**阶段计划**，可以让我们体验更多的生活经历——让我们能够做更多想做的事情？

亚伯拉罕：当你能够有效地使用**阶段计划**后，你会发现有更多的时间来做你想做的事情。

很多你想要的事情没有出现，是因为你没有对它们产生清晰的想法，没有吸引它们。所以，**阶段计划**本身就在解决你的问题。**只要清晰地了解你想要什么，并且不再用相反的想法来反对它，你就可以借助宇宙法则的力量，而且你也不需要用多余的行动来弥补不合适的想法所造成的后果。只要提出有意的思想，你就能驾驭宇宙的力量，而且只需要微不足道的时间，你就能获得越来越多的内容。**

为什么不是每个人都在有意地创造生活

杰瑞：既然我们每个人都可以有意地选择创造真正想要的事物，也可以不知不觉地默认创造、不加区别地接受所有想要的和不想要的事物，那么，为什么看起来大多数人都在不知不觉地选择呢?

亚伯拉罕:大多数人不知不觉地默认创造自己的经历,是因为他们不理解**法则**,他们不明白存在这些选择。他们已经变得相信命运或者运气。他们说:"这就是现实,本来就是如此。"他们并不理解,思想能够支配自己的经历。这就像玩游戏而不知道游戏规则一样,很快他们就会厌倦这场游戏,因为他们认为对此无法控制。

把你清醒的注意力投入到确实想要的事物上,这对你很有帮助,否则你将卷入周围事物的影响之中。你正在受到各种思想刺激的冲击。因此,除非你自己提出重要的想法,否则就会受到别人的思想刺激,而别人的思想对你而言,有可能重要也有可能并不重要。

如果你不知道什么是你想要的事物,那么你最好提出这个计划:**我想知道我想要什么**。当你提出这个愿望以后,你就能开始吸引相关信息;你就能开始吸引机会;你就能开始吸引可供选择的许多事物——从向你奔涌而来的大游行般的一连串想法中,为自己确实想要的事物产生一个更好的想法。

由于**吸引力法则**的作用,简单地把事物视为现状,要比选择一个角度不同的想法容易得多。如果人们只把事物视为现状,**吸引力法则**将带来更多同样的事物,不久以后,人们便认为自己再也无力控制局面。

很多人受到的教育都是不允许进行选择,他们不配拥有选择,或者他们没有能力知道什么是合适的选择。随着时间的推移和不断的练习,你可以用内心感受的方式辨别选择的合适性。因为,当你选择的思考方向与内心世界的观点协调一致时,你内心所流露的快乐,就是思想合适性的确凿证明。

对我们的经历而言,想要有多重要呢

杰瑞:有人甚至还没有说过“我想知道自己想要什么”,但却会说“据我所知,我什么都不想要”或者“有人教育我,拥有欲望是错误的”,并且整日处于平淡无味、无精打采的状态之中,对这种人你们有什么想说的吗?

亚伯拉罕:为了追求一种更高级的价值状态——没有欲望,这不也是一种欲望吗?想要是所有有意创造的开始。因此,如果你拒绝接纳自己去想要,那么你实际上拒绝了对生活经历的有意控制。

你是现实世界的人,确实如此,但是你拥有生命力、活力、上帝的力量、创造性的活力,从你的内心世界流入你的身体。尽管医生的所有注意力都在于生命力,但他们对此知之甚少。他们知道有人拥有生命力,有人没有。他们会说:“此人已死,他没有生命力。”**创造性的生命力通过你向外流淌到你所关注的任何事物。换而言之,你的思想正是利用这一过程,实现你所留意的任何愿望。**

你越多地留意想要的事物,**吸引力法则**越多地启动这些事物,然后你就能感受到想法的动力。如果你不去思考自己渴望的事物,或者你思考着渴望的事物然后立刻思考它的落空,那么你就阻碍了思想的自然动力。

你所描述的“平淡无味、无精打采的状态”,是由于自相矛盾的言论持续减缓思想的动力所致。

为什么大多数人得过且过

杰瑞:亚伯拉罕,我们居住在一个几乎人人都有饭吃、有房住和有衣穿的国家。几乎每个人都能以某种方式混个日子。我遇到有人说:"正如你所知,我想要混日子绰绰有余,但是无论如何,我无法产生非常强烈的愿望,为我的生活带来任何重大或特殊的事物。"对于这种情况,你们有什么想要说的?

亚伯拉罕:并不是你不想渴望更多事物,而是你已经确信自己无法**拥有**更多。因此,你想要避免"求而不得"所带来的失望。你没有得到自己想要的事物,并不是因为你不想要它——而是因为你关注了它的**缺失**。在**吸引力法则**的作用下,你正在吸引思考的主题(事物的缺失)。

无论何时,当你想要某事物时,只要你说"**但是**我想要它却还没有得到",那么你的注意力就在想要事物的缺失上,在**法则**的作用下,你正在吸引着缺失。无论何时,只要思考着自己想要的事物,你都会感到兴高采烈,会感到振奋不已,并且体会到积极情绪。但是,如果你思考着想要事物的缺失,你就会体验到消极情绪,体验着失望。失望正是来自**情绪指导系统**的警告:"你所留意的并不是你想要的事物。"因此,我们要说,接纳自己去主动渴望,留意自己想要的事物,感受着想要的事物所带来的积极情绪，然后让失望远离。关注你想要的事物，就能吸引它。

给我们谈谈区分计划的轻重缓急

杰瑞：你们提供的方法已经给我们带来很大的改变，如果能够更详细地解释一下就更好了。这个方法就是你们所说的**区分计划的轻重缓急**。

亚伯拉罕：你不可能在任何时刻都综合考虑所有的计划，但是可以同时考虑与此相关的多个计划。比如，你正与伴侣交流，你想要清晰的交流，你想要鼓舞自己，你想要鼓舞伴侣……你也可能想影响伴侣去追求同样的事物。换而言之，你想要和谐一致。

确认你最想实现的计划，对你而言非常重要；因为当你区分计划的轻重缓急后，你就把单一的注意力投向了最重要的事物。而当你投入单一的注意力后——就能为你最重要的打算吸引力量。

比如说，你的一天已经开始，但是你还没有清晰地辨认出各个阶段。像大多数人一样，你从一件事情忙到另一件事情，被其他人的冲动和想法或者自己的旧习惯支来支去，跌跌撞撞地度过这一天。电话正在响起，你的孩子们又要这要那的；你的伴侣正在向你发问，而你发现自己什么也听不清，但你还得四处忙活。对大多数人来说，这样的一天再正常不过了。

现在，你卷入了一场争论之中，而且还没有确认自己想要的事物。比如说，你与孩子们意见不合，或者和你的伴侣或者任何人——无所谓是谁——意见不合。"报警信号"从你的**内心世**

界涌现出来,消极情绪逐渐扩散;你没有做好清晰的计划,从而陷入这种糊涂状态,于是很生自己的气。更糟糕的是,你和别人意见不合,开始心烦意乱。

如果你在这一阶段稳住自己,心中默想,**现在这种情况下我最想要的是什么?** 你可能认识到**和谐一致**才是你最主要的打算——与你的妻子或孩子或别人和谐相处。这就是说,保持和谐的相互关系远比这场无关紧要的争论重要得多。当你认识到和谐就是你最想要的事物时,你顿时就会清晰无比。你的消极情绪不见了,然后你开始陈述:**等等,让我们好好谈谈。我不想和你争吵,因为你是我最好的朋友。我们要和谐相处。我们要快乐地在一起。**当你做出这段陈述之后,就会使场面缓和下来。你也提醒了别人,这也是他或她的内心所想。于是,重新**考虑轻重之后**,带着你所关注的、和谐一致的目标,对于手边不再那么重要的主题,你可能有了一个全新的看法。

在此提供一份自我暗示的声明,如果你把它运用到生活中的所有阶段,那么肯定能收到很好的效果:**在这个阶段,我的计划就是看看我想看到的事物。**这样做的好处是——当你和别人交流时,它提醒你:你的愿望就是和谐共处;你想要激励别人;你想让别人理解你的想法;你想刺激别人的渴望,使之与你的愿望一致。这份声明将为你很好地服务。

创造性计划要有多么详细

杰瑞:当我们计划向前发展时,我们使用的方法或者手段应该有多么详细呢?对于计划产生的结果或者最终实现的目标,又应该做到多么明确呢?

亚伯拉罕:对于你想要的想法,只要能够带来积极情绪,你就尽可能地详细思考它;但不能太过于详细到产生消极情绪。当你模糊地计划某事时,你的思想还不够明确——因此也不够强大——不足以借助宇宙的力量。但换个角度看,如果在未收集足够全面的信息之前就明确实现的方法或手段,可能导致你无法坚持信念。换而言之,一旦你手段过于明确,该主题可能与你的信念相违背,因此你就可能感受到消极情绪。**所以,只要计划能够带来积极情绪,手段就要尽可能地明确,但不要太明确到产生消极情绪。**

我必须定期地重复阶段计划吗

杰瑞:亚伯拉罕,关于**阶段计划**,让我们多谈一些吧。时时刻刻把注意力投向每个小细节实在令人感到非常乏味,比如说早晨第一件事情就是计划安全,那么如果我不再计划安全的话,是不是余下的一整天都无法受到保护了?

亚伯拉罕:任何时候反复做最重要的事情都是很有价值的。虽说如此,但你这样一遍又一遍地进行计划却是没有必要的。**一旦你提出安全的计划,而且感受到安全,那么你就一直处于吸引安全的状态之中。只要你感受到不安全,那么,就应该提出加强安全感的计划了。**

这个阶段计划过程会阻碍我的自发反应吗

杰瑞:阶段计划会阻碍我们的自发性,或者阻碍我们对当时的情况进行自发反应的能力吗?

亚伯拉罕:阶段计划会阻碍你进行**默认**反应的能力——但是它也会加强你进行**有意**反应的能力。自发性是不错的,只要你能够自发地吸引想要的事物。当你自发地吸引不想要的事物时,那就不太妙了。不管以任何代价,我都不会拿有意创造去替换默认状态下的自发性创造。

信念与愿望之间的精妙平衡

杰瑞:亚伯拉罕,能不能谈谈**创造的精妙平衡——处于想要和相信之间的平衡?**

亚伯拉罕:创造的平衡有两个方面:**想要与接纳**。你也可以说是**想要与期望**。你还可以说是**思考与期望**。

最好的情况就是,渴望某事物并且让自己相信或者期望它的实现。这就是最佳的创造。如果你有一些细小的渴望,而且相信自己能够实现它,这个平衡就完整了,而它也是属于你的了。如果你有强烈的渴望,但是你怀疑自己能否实现它,那么它就不能实现,至少不能立即实现,因为你必须让渴望的想法与信念的想法协调一致。

假如你受到不想要的事物的想法激发,又听报道说这种事情经常发生在别人身上,于是开始相信有这种可能性。那么,对这种不想要的事物的轻微想法，加上你认为它有可能发生的信念，你可能开始接受这种经历。

你越多地想起自己想要的事物，**吸引力法则**就把越多的相关证据呈现给你，直到你**最终**相信它。只要你理解**吸引力法则**（它很容易理解，因为它始终如一），并且开始有意地指导自己的想法，你就会相信自己有能力拥有任何事物。

阶段计划什么时候发挥作用

杰瑞：在现实世界，人们一直认为，要想得到钱财回报，辛苦的工作是很重要的。但是你们并没有提到太多的实际行动。**辛苦的工作**和**实际行动**是如何融入你们的创造方法的？

亚伯拉罕：思想关注某一个想法越多，**吸引力法则**响应得越多——这个想法就开始变得更强烈。通过提前铺垫、**阶段计划**和在**创造性工作坊**中进行**想象**，然后你受到启发从而产生行动。**受到启发而产生的行动，就是能带来良好结果的行动，因为你正在接纳宇宙的法则对你的支持。**如果你没有提前铺垫就采取行动，那么行动往往会寸步难行，因为你正在努力的事情，单靠行动是无法完成的。

如果你把创造想象为已经实现的状态，然后以此时受到的启发来付诸实现，那么你会发现未来已经准备妥当，正在等候你的到来。然后你产生了行动，只是为了去享受你已经创造的成果，而不是错误地认为用行动来进行创造。

行动的最佳选择是什么

杰瑞：那么，如果有很多行动**可**供选择，在最后关头，我们如何选择最有效的行动呢？

亚伯拉罕：想象自己采取了某种行动，然后记下你想象这个行动时的感受。如果你有两个选择，想象自己采取了其中一个，并记下你对它的感受。然后想象自己采取了另外一个选择，看看你对它的感受如何。也许你对这种潜在的行动感觉不太清晰，那么你首先应该花时间确认你的计划，并且确定好轻重缓急的次序。一旦你已经准备妥当，那么决定最合适的行动就是一个非常简单的过程。你可以使用自己的**情绪指导系统**。

为了事物的呈现我要等待多久

杰瑞：有人正在等待事物呈现，但是却有点灰心丧气，因为他们计划的事物还没出现。在任何成功的迹象出现以前，他们还需要等待多久？会不会有什么征兆表明事情**正在**发生？

亚伯拉罕：当你提出拥有某种事物的计划，并且满怀期待地寻找它时，它正在向你走来，而且你开始看到很多征兆：你会注意到别人做了类似的事情，这也在刺激你的欲望；你会从不同角度观察它的各个方面；你会经常思考它，并且为此感到兴奋不已；而且你对想要的事物感觉非常良好——这些征兆表明你想要的事物正在向你走来。

创造性的努力大部分用在确定你想要的事物，以及把你的想法与愿望保持一致，所以，创造过程大部分都发生在思想水平上。因此，在你看到现实成果之前，你的创造已经非常接近完成，差不多百分之九十九已经完成。

如果你还记得，在提前预期创造成果时所感受到的积极情绪，这种积极情绪也是前进的证据，然后，你就能够持续而快速地收获想要的结果。

能使用阶段计划来进行共同创造吗

杰瑞：亚伯拉罕，如何使用**阶段计划过程**与别人合作完成目标？

亚伯拉罕：只要自己**阶段计划**里的任务完成得越好，**自己的**渴望就会越强烈，然后影响力就会越强大。当你与其他人交流时，他们就更容易理解你思想的精神实质。

利用**阶段计划过程**从别人身上唤起最佳的状态，这也非常有用。如果你预期别人都毫无帮助或者无法全神贯注，那么你就会从他们身上吸引这些特点；而如果你期望别人聪明而且乐于助人，那么你也会从他们身上吸引这些特点。如果在见面之前，你就把预期的想法提升到强烈的状态，那么你将为自己，也为别人，产生更加满意的共同创造。

如何精确地传达我的意图

杰瑞：过去的几年里，我常常经历在我看来非常重要的场合；本来我应该反复不断地强调某些话题，离开后却在想：**天哪，**

我连这都说了，而**我本应该说**……并且**我本来想说**……但是我却没有做到。因此，交谈结束后我本来应该体验到满足感的，相反我却常常产生挫败感。我该如何避免这种情况的发生？

亚伯拉罕：在进入对话之前，思考一下你想要的结果，你就能够获得动力，帮助你更清晰地表达意图。想法、建议和经历组合在一起，能够比你自行创造产生出更伟大的事物，认识到这点对你也很有帮助。因此，提前进行铺垫，积极地预期别人的作用，这样才能体验到他们的智慧、力量和价值。在这种感觉良好的协调一致下，你的思想会变得清晰，你也会从别人身上唤起智慧，然后共同完成精彩的创造。

杰瑞：如果交流的主题很有争议，而有人不想让别人扫兴，或者伤害别人的感情，也不想触怒别人，那他该怎么办呢？换句话说，如果你们与某人交流，他的愿望可能与你们**的相冲突**，然而，你们发现要是能够回避那个引起争议的话题，你们也许还有可能实现**互利共赢**的目标；那么在这样的情况下，如何让所有参与的人都获得满意的结果呢？

亚伯拉罕：通过计划——在你刚刚进入这一阶段时——来关注你们之间**真正**的共通之处，关注你们和谐统一之处，对你们**无法**一致的观点只投入一点点注意力，而对你们**达成一致**的观点投入大量的关注。这就是所有人际关系的解决之道。**大部分人际关系所面临的问题，就是不放过一点点你不喜欢的小事情，然后对它投入大部分的关注。然后，在吸引力法则的作用下，你收集了更多不想要的事物。**

有人能够不劳而获吗

杰瑞：你们曾多次说过，我们能够拥有**一切**。假如有这样一种情况，有人想要财富，但是不想去工作或者找工作。他们该如何走出那种左右为难的处境？

亚伯拉罕：把计划分开进行考虑。如果他们想要财富，而他们的信念却是，只有工作能够带来财富；那么，因为不想做那件他们认为惟一能够带来财富的事情，所以他们无法拥有财富。但是，如果他们单独地考虑财富，不把财富与他们反感的工作联系起来，那么就能够吸引财富了。

你已经提到一些非常重要的概念，就是我们称之为相互冲突的计划，或者相互冲突的信念。**解决的方法是，简单地把你的视线从冲突之间移开，然后关注想要事物的本质特点。**

如果你想要财富，你认为获得财富需要辛苦的劳动，而且你愿意付出辛苦的劳动，这就没有任何冲突了，而且你会获得一定水平的财富。

如果你想要财富，你认为获得财富需要辛苦的劳动，但你却厌恶辛苦的劳动，你的想法就会产生冲突，那么你不仅很难产生这种行动，就算采取行动也会事倍功半。

如果你想要财富，你认为自己本来就应该拥有财富，而且你预期，只要你想要它就会出现，那么你的想法就没有任何冲突了，而且财富也会随之而来……当你产生想法时，注意你的感受如何，这样就可以剔除其中相互冲突的想法，无论你想要什么，只要剔除其中的冲突想法，你想要的事物就一定会实现。**吸引力法则**一定会把它带来。

工作机会要么不来，一来就是一大堆

杰瑞：比如说，有人想要工作，找了几个月仍然没有成功；然后，一旦他们**真正**得到想要的工作机会后，一个星期之内，立刻有四五个其他的工作机会也一起来了。是什么导致了这种情况的发生？

亚伯拉罕：工作来得这么迟，是因为他们没有关注自己**想要的**，而是关注了工作的**缺失**——从而把工作机会推开了。一旦取得突破获得了工作，那么关注点就不再是它的**缺失**了——**关注点集中在想要的事物上，所以，他们开始接受更多提前铺垫好的事物**。在你刚才的例子中，虽然能找到工作的信念很微弱，但是想找工作的愿望却越来越强烈，所以不久之后，**吸引力法则**带来此人感受最强烈的事物。因为没有花时间把想法整理清楚，所以他们是在毫无必要地折磨着自己。

为什么怀孕总是随着领养小孩以后而来

杰瑞：怪不得有些夫妇几年没有怀孕，领养一个孩子后，妻子却突然开始怀孕，这也是同样的原因吗？

亚伯拉罕：同样的故事，确实如此。

竞争摆在计划蓝图的什么位置

杰瑞：另一个问题：**竞争**是如何融入整个计划蓝图的？

亚伯拉罕：依我们来看，在这个广袤宇宙里，人人都在进行创造，没有真正意义上的**竞争**，因为在任何方面都有足够丰富的资源，可以满足我们所有人。你认为只有惟一一个战利品，从而把自己置于竞争的境地。这肯定会带来一些不适，因为你想赢，你不想输。但是，注意力却常常关注失败而不是胜利。

如果你们参与竞争，惟一能赢的人总是最清楚自己想要什么的人，而且总是拥有最大信心的人。这就是法则。如果说竞争有什么价值，那就是：它刺激了欲望。

锻炼意志力有作用吗

杰瑞：有没有什么办法可以锻炼人们的意志力，使他们能够得到更多想要的事物，减少不想要的事物？

亚伯拉罕：利用**阶段计划**的方法当然可以达到这种目的。但是，这并不是"意志力的锻炼"，而是思考想法，然后通过**吸引力法则**不断加深这种想法。**意志力**可以指"决定"。而**决定**可以意味着"有意地思考"。但是，所有这些听上去都太辛苦了，实际情况却并非如此。**只要简单地留意最优先考虑的事物，持续一整天，那么吸引力法则会打理好其余的事情。**

为什么大多数人不再经历成长

杰瑞:好像在我看来,社会上大多数人,当他们步入二十五岁到三十五岁之间,就他们想要达到的目标而言,就他们的发展和成长而言,他们已经完全实现目标。他们拥有了梦想的家庭,有想要的生活方式,有想要拥有的工作,有想要拥有的信念、政治立场和宗教信仰,甚至拥有了大多数人梦寐以求的多姿多彩的个人生活。你们认为是什么造成这种不再成长的生活状态?

亚伯拉罕:并不是他们已经拥有了**所有**想要拥有的经历,而是他们不再吸引**新的**生活经历。在新的经历中,还有许多激动人心的事物和更多的愿望,但是很多人不再有意地提出自己的愿望;他们或多或少地顺从了**现状**。

把注意力投向**现状**只会吸引更多的**现状**。而把注意力投向想要的事物则会吸引更多的改变。如果有人因此而自满,那只是由于他没有完全理解**法则**。

因为没有理解**宇宙的法则**,所以大多数人不再有意地寻求发展;他们不自觉地产生自相矛盾的想法,因而没有得到自己想要的事物。当你能够完成某事的信念与你想要完成某事的信念互相矛盾时,即使再辛苦的工作也无法产生满意的结果,而且随着时间的推移,你只会越来越疲惫。

清醒地理解**宇宙的法则**,然后逐步地引导自己的想法,让它紧随你最想实现的愿望,很快你就能获得积极的成果。

杰瑞:假如有人处于某种特别的生活状态,他们陷入向下的、消极的螺旋状态之中。他们应该如何运用**阶段计划**,把螺旋状态往反方向逆转呢?

亚伯拉罕:好好把握你的**现在**,它具有很强大的力量。事实上,你的所有力量都在此时此地。所以,仔细思考你所拥有的现状,然后稍作停顿,从这一阶段开始仅仅思考你最想要的事物,那么内心立刻就会呈现明晰状态。**虽然你现在无法分门别类地整理好一切,但是,你可以确定最优先处理的事物。随着你一阶段一阶段地处理完事物之后,你会像发现了新大陆一般明了——而你向下的螺旋也会开始逆转向上。**

如何避免陈旧的习惯和信念产生的影响

杰瑞:亚伯拉罕,对大多数人而言,抛弃陈旧的想法、信念和习惯似乎特别困难。可不可以为我们提供一句积极的自我暗示,帮助我们排除过去的经历和信念所产生的影响?

亚伯拉罕:我的现在具有很强大的力量。我们并不鼓励抛弃旧的观念,因为在你努力抛弃它们的时候,只会让你更多地思考它们。而且,有些旧的观念还是值得保留的。只要你清醒地引导自己的想法,并且作出你想要良好感觉的决定就可以了。**今天,无论我去哪里,无论我在做什么,我的主要计划就是看到我想看的东西。再没有比感觉良好更重要的事物了。**

杰瑞:那么,如果有人在媒体上目击了消极的事件,或者倾听了朋友们叙述的某些不幸,他们又该如何远离消极事物影响?

亚伯拉罕:在生活的每一阶段都提出如下计划:去看看自己想要看到的事物。这样,即使是在最消极的情况下,他们也能够看到**真正**想要的事物。

陈述不想要的事物到底有没有问题

杰瑞：我们陈述**不想要**的事物，**到底**有没有问题？

亚伯拉罕：陈述不想要的事物，有时候反而更清楚地勾勒出你**真正**想要的事物。但是，最好快速地转移**不想要**的主题，然后关注**真正**想要的主题。

研究消极想法有没有价值

杰瑞：亚伯拉罕，努力辨认某些带来消极情绪的想法，这样做有没有价值？

亚伯拉罕：当你意识到自己正在思考消极想法时，最好尽一切的努力，停止思考这个消极想法。只有在这种情况下，研究消极想法才有价值。如果你心中的信念非常强烈，消极的想法可能会一而再再而三地出现。所以，你只能不停地转移注意力，努力思考其他事物。在这种情况下，辨认出这个烦人的想法就有价值了，就可以运用新的观念改造它。换而言之，把互相冲突的信念改造成不那么冲突的信念——如此以后，它就不再出来烦人了。

别人认为我的愿望不切实际怎么办

杰瑞：如果有人知道我们的计划（这个计划的确非同一般），然后说我们的计划“不切实际”，我们该如何避免受到这些影响？

亚伯拉罕：在与别人交流之前，只要关注对你而言重要的事情，就能避免接受别人的影响。**如果别人坚持认为你应该面对"现实"，那么他们就在影响你，希望你像树一样扎根在原地。如果你只能看到现状，你就无法超越现状而成长。一定要允许自己看看想要的事物，看看你到底能不能吸引想要的事物。关注现状只能创造出更多的现状。**

如何在"六十天之内拥有一切"

杰瑞：您言之凿凿地说过，只要坚持六十天，生活中的一切事物都会以我们想要的方式呈现。对此，我们应该如何着手？

亚伯拉罕：首先，你必须认识到，生活中的一切事物，都是你过去的想法所导致的结果。毫不夸张地讲，正是这些想法的邀请，才构成你现在的生活环境。因此，只要你提出关于未来的展望，并把自己视为想要成为的状态，那么你就能影响未来，使之变成令人满意的状态。

只要你在遥想未来——也许是十年的未来，也许是五年的未来，或者六十天之后的未来——你其实都是在提前进行铺垫。然后，随着这些安排妥当的时刻到来，随着未来已经变成你的现在，你还可以对它进行微调，只要说，**我现在想要的事物是……**从你以前对未来的想象，到你现在计划采取的行动，都将融合在一起，准确地带来你现在想要的生活。

所以，只需要简单地确认出每天的不同阶段。当你进入一个新的阶段时，停顿一下，确认出对自己最重要的事物，然后，在

吸引力法则的作用下,用你的思考把它吸引过来。你越留意某事物,你就会变得越明了;你变得越明了,你就越能感受到更多的积极情绪,并且吸引更多的力量。因此,**阶段计划**过程就是通往快速而**有意创造**的关键。

我们非常喜欢与你们交流这些重要的话题。这里能为你们呈现大爱。

现在明白了

既然你已经明白了游戏规则——令人惊叹的**永生**游戏的**规则**,那么,你现在注定要拥有美妙的经历,因为,你正创造性地支配着自己的现实生活。

既然你已经明白强大的**吸引力法则**,那么,你将不再困惑事情为何偏偏发生在你身上。经过不断地练习,你就能够熟练地指导自己的想法,关注自己想要的事物,然后借助对**有意创造的科学**的理解,获得任何想要的事物。

通过一个又一个的阶段计划,把生活经历提前准备妥当,利用强烈的想法影响你的未来,为你的快乐降临做好准备。关注你的情绪感受,努力让想法与**内心世界**和真实自我一致,当你成为**接纳者**之后,就会注定拥有成功的一生和无尽的快乐。

这种交流让我们受益无穷。

好了,本书已经结束。

——亚伯拉罕

关于作者

一九八六年，一群自称**亚伯拉罕**的存在，用明晰的言语向人们传达实用的智慧，受此鼓舞，埃斯特和杰瑞·希克斯夫妇按捺不住兴奋之情，开始和少数亲密的生意伙伴分享自己神奇的亚伯拉罕经历。

很多人都在财富、健康和人际关系领域寻求有意义的答案，直到人们成功地运用亚伯拉罕的回答解决了自身的情况，收获了实际效果，埃斯特和杰瑞才做出这项有意的决定，为日益扩大的、更多寻求美好生活答案的探索者们，奉献亚伯拉罕的教导。

自从一九八九年以来，埃斯特和杰瑞以德克萨斯州圣安东尼奥市的会议中心作为基地，每年穿行大约五十座城市，为集中参加思维发展小组的代表们展示互动的**接纳的艺术—工作坊**。尽管这种幸福的哲学引起了全世界前沿领域的思想者和导师们的广泛关注，他们一个个都把亚伯拉罕提供的许多概念融入自己的畅销书、手稿和演讲之中，但是这种智慧观念的主要传播方式还是从一人传递到另一人——因为越来越多的人发现这种精神实践方式能给生活带来巨大价值。希克斯夫妇现在已经出版七百种以上的亚伯拉罕－希克斯系列书籍、盒式录音带、CD 激光唱片、录像带和 DVD 光碟。

亚伯拉罕——一群高智慧的超现实世界导师——通过埃斯特·希克斯展示了他们渊博的视野广度。他们通过一系列充满爱心的、睿智而全面的纸质文章和音频作品，以我们的理解水平进行讲解——让我们与充满爱心的**内心世界**进行沟通，使我们提升了自我的自强能力。